T0209504

essentials

essentials liefern aktuelles Wissen in konzentrierter Form. Die Essenz dessen, worauf es als „State-of-the-Art" in der gegenwärtigen Fachdiskussion oder in der Praxis ankommt. *essentials* informieren schnell, unkompliziert und verständlich

- als Einführung in ein aktuelles Thema aus Ihrem Fachgebiet
- als Einstieg in ein für Sie noch unbekanntes Themenfeld
- als Einblick, um zum Thema mitreden zu können

Die Bücher in elektronischer und gedruckter Form bringen das Fachwissen von Springerautorinnen kompakt zur Darstellung. Sie sind besonders für die Nutzung als eBook auf Tablet-PCs, eBook-Readern und Smartphones geeignet. *essentials* sind Wissensbausteine aus den Wirtschafts-, Sozial- und Geisteswissenschaften, aus Technik und Naturwissenschaften sowie aus Medizin, Psychologie und Gesundheitsberufen. Von renommierten Autorinnen aller Springer- Verlagsmarken.

Quirin Graf Adelmann v. A.

Formen der (alternativen) Unternehmensfinanzierung

Ihr Zugang zu Geld und Chancengleichheit

 Springer Gabler

Quirin Graf Adelmann v. A.
Berlin, Deutschland

ISSN 2197-6708   ISSN 2197-6716   (electronic)
essentials
ISBN 978-3-658-42087-1   ISBN 978-3-658-42088-8   (eBook)
https://doi.org/10.1007/978-3-658-42088-8

Die Deutsche Nationalbibliothek verzeichnet diese Publikation in der Deutschen Nationalbibliografie; detaillierte bibliografische Daten sind im Internet über http://dnb.d-nb.de abrufbar.

Planung/Lektorat: Catarina Gomes de Almeida
Springer Gabler ist ein Imprint der eingetragenen Gesellschaft Springer Fachmedien Wiesbaden GmbH und ist ein Teil von Springer Nature.
Die Anschrift der Gesellschaft ist: Abraham-Lincoln-Str. 46, 65189 Wiesbaden, Germany

Was Sie in diesem *essential* finden können

- Anleitung zum Aufbau einer klassischen Finanzierung
- Praktische Beispiele von Problemfinanzierungen
- Augenöffnung für alternative Finanzierungsmöglichkeiten
- Darstellung der Perspektiven und Motivation von Geldgebern
- eigene Finanzierung in die erklärten Struktur- und Asset-Klasse einkopieren

Inhaltsverzeichnis

Menschen können über alle organisatorischen Fragen eines Unternehmens wie über Personalführung und Produktentwicklung nachdenken. Ohne Geld wird nichts davon eine Bedeutung haben. Ein Unternehmen braucht Geld als Motor zum Gründen, Überleben, Investieren und zur Überzeugung von Partnern. In unserer Gesellschaft ist die Frage, ob eigenes Kapital vorhanden ist, um unternehmerisch aktiv zu sein, die wichtigste existenzielle Frage. Kapitalmangel verhindert nach wie vor Gründungen oder Nachfolgeregelungen. Es ist zudem eine Frage der sozialen Gerechtigkeit bzw. der Chancengleichheit, ob Menschen ohne finanziellen Hintergrund oder Netzwerk Zugang zu Geld und Finanzierungen erhalten. An der Chancengleichheit bemisst sich letztlich, ob eine Gesellschaft gerecht und innovativ bleibt. Ob die besten Ideen, das größte Engagement sowie die schnellsten Reaktionen Erfolg ermöglichen, hängt vom Kriterium der Handlungsfähigkeit durch Zugang zu Geldmitteln ab. Für Bestandsunternehmer wiederum und bei vorliegendem Vermögen stellt sich immer wieder die Herausforderung, Finanzierungen aufzustellen, ohne Eigenkapital zu verbrauchen. Um beides möglich zu machen, bedarf es grundlegender Kenntnisse über die Denkweise von Finanzierern und über die vielseitigen Möglichkeiten zur Aufstellung einer Finanzierung.

In diesem Buch wird ein Überblick über klassische Finanzierungen und deren Herangehensweise gegeben, es werden jedoch auch alternative Finanzierungsmöglichkeiten sowie die Kapitalisierung von Potenzialen erläutert. Diese Grundkenntnisse ermöglichen es, die bestmöglichen Varianten einer Finanzierung zu beherrschen und damit solche aufzustellen oder vorzubereiten.

Aus Gründen der besseren Lesbarkeit wird in diesem Buch das generische Maskulinum verwendet. Mit „Unternehmer" beispielsweise sind alle weiblichen Unternehmerinnen ebenso gemeint. Chancengleichheit bedeutet, dass sämtliche Berufe, Unternehmungen sowie Entscheidungsebenen durch verbesserte

Q. Graf Adelmann v. A., *Formen der (alternativen) Unternehmensfinanzierung*, essentials, https://doi.org/10.1007/978-3-658-42088-8_1

Infrastruktur eines Staates jedem Menschen, unabhängig von dessen Herkunft, Geschlecht, Vermögensbasis, Netzwerken u. Ä., Finanzierungen und Unternehmertum gleichermaßen zugänglich gemacht werden müssen. Jeder Mensch sollte die Möglichkeit erhalten, seine Träume allein durch eigenen Einsatz, Leistung und Talent zu verwirklichen.

Die klassische Fremdfinanzierung 2

Im 13. Jahrhundert entwickelten sich erstmals so etwas wie Banken, um Geld aufzubewahren und gegen Zinsen zu verleihen [1]. Durch die Möglichkeit, auch große Geldsummen auszuleihen, die wiederum von vielen Sparern und Anlegern zuvor gesammelt wurden, war Ende des 19. Jahrhunderts die Industrialisierung überhaupt erst möglich. Viele große Produktionsgesellschaften konnten so erst entstehen. Die Geschäfts- und Kreditbanken entstanden im Wesentlichen zwischen 1871 und 1918 und bilden noch heute die Säule des Banken- und Finanzsystems [2].

Banken wiederum sind ebenfalls Unternehmen. Sie wollen kein Geld verleihen, das sie nicht mehr zurückbekommen. Es erfolgt also eine Risikoabwägung und je höher das Risiko, Geld zu verlieren, desto höher werden die Zinsen sein, die die Bank für das verliehene Geld bezahlt haben will. Mit der Finanz- und Wirtschaftskrise haben sich die Regeln, zu denen Banken Geld verleihen, transferieren und selbst absichern müssen, stetig verschärft. Zunehmende Basel-Verschärfungen (Basel I von 1974, Basel IV von 2022) der EU-Richtlinien sowie internationale Geldwäschevorschriften bis hin zu voller Transparenz der Kunden und wirtschaftlich Berechtigten von Unternehmen gegenüber Finanzkontrollinstituten und Finanzämtern, aber auch der steigende Zinswettbewerb, insbesondere in Niedrigzinsphasen, sowie das Verschwinden von Transaktionsgebühren bei gleichzeitig höheren Aufwänden für Kontrollpersonal, bedeuten, dass nicht jeder Unternehmende, allein aufgrund einer Projektfantasie Geld erhält. Dazu später mehr. Zunächst einmal nachfolgend die klassischen Finanzierungsregeln.

© Der/die Autor(en), exklusiv lizenziert an Springer Fachmedien Wiesbaden GmbH, ein Teil von Springer Nature 2023
Q. Graf Adelmann v. A., *Formen der (alternativen) Unternehmensfinanzierung*, essentials, https://doi.org/10.1007/978-3-658-42088-8_2

2.1   Finanzplan des Unternehmens

Zunächst einmal gilt es für jedes Geschäft, einen Finanzplan zu erstellen. Einfach ausgedrückt bedarf es zunächst des Verständnisses, dass ein Finanzplan zwischen einer Rentabilitätsplanung und einer Liquiditätsplanung unterscheiden muss. Denn theoretische Überschüsse zeigen nicht auf, wann welches Geld tatsächlich im Unternehmen verfügbar ist. Hierauf wird es aber ankommen, wenn es um Finanzierungen bzw. die Einhaltung der Rückzahlungsrhythmen geht. Also erstellt der Unternehmer zunächst für den späteren Finanzierer einen Rentabilitätsplan; also eine Aufstellung aller Einnahmen und Kosten, um zu sehen, ob eine Aktivität profitabel ist bzw. ab wann diese profitabel ist (Break-even-Point). Mit der Erläuterung zur Erstellung eines Finanzplans ließe sich ein ganzes Buch füllen. Das würde hier zu weit greifen. Was jeder Unternehmer aus dem Effeff beherrschen muss, ist, dass in der Kostenaufstellung eines Rentabilitätsplans die Kosten für Zinsen und Abschreibungen enthalten sind. Bei Bestandsunternehmen erstellen Steuerberater sogenannte Betriebswirtschaftliche Auswertungen (BWAs), die eine genaue Kostenübersicht ermöglichen. Eine Bank möchte bei der Beantragung eines Kredites erkennen, dass der Unternehmer die beantragten Zinsen in der Aufstellung aufführt und für Investitionen im Unternehmen (nur) entsprechende Abschreibungen enthalten sind.

Beispiel: Abschreibung

Im Unterschied zur vorgenannten Rentabilitätsplanung enthält eine Liquiditätsplanung im Wesentlichen die Berücksichtigung der tatsächlichen Steuerzahlungen, die oft als Vorauszahlung auf Gewinne von den zuständigen Finanzämtern abverlangt werden oder nach Erstellung der entsprechenden Jahresbilanz fällig werden. Investitionen fließen liquiditätsseitig sofort ab, weil Rechnungen bezahlt werden müssen. Dafür haben Abschreibungen nichts in der Liquiditätsplanung zu suchen, denn die buchhalterischen Wertabschreibungen von Investitionen fließen nicht tatsächlich ab, sondern werden nur gegen steuerliche Gewinne gebucht. Viele vergessen bei Liquiditätsplanungen auch die Kredittilgungen, die **nach Steuern** bezahlt werden und ebenso keine Kostenpositionen sind.◄

Beispiel: Gewinn

Der Rentabilitätsplan weist einen Überschuss in Höhe von 65.000 € p.a. aus. Abschreibungen betragen 15.000 € p.a. und Kredittilgungen betragen im Quartal 12.000 €. Dies bedeutet, dass 50.000 € zu versteuern wären (bei GmbHs 15 % Körperschaftssteuer und 15 % Gewerbesteuer = 15.000 € Steuerzahlung auf 50.000 € Gewinn). Tatsächlich sind nach Steuerabzug 50.000 € verfügbar (65.000 € minus 15.000 € Steuerlast). Hieraus müssen Kredite getilgt werden (48.000 €). Der tatsächlich verfügbare Restbetrag beträgt dann nur noch 2000 €. Nun errechnet sich eine Bank anhand des Finanzplanes des Unternehmens, wie hoch Kredit hinsichtlich Zins und Tilgung sein darf, ohne, dass das Unternehmen in finanzielle Not gelangt. Finanzvorschauen will eine Bank typischerweise für 2–3 Jahre im Voraus sehen, je nachdem welche Historie das Unternehmen hat. Die Übersichten erfolgen aufgeschlüsselt für jeden Monat im Kalender.◄

2.2 Bonität, Track-Record und Kapitaldienstfähigkeit

Ob Unternehmer und Unternehmerinnen Geld bekommen, hängt von drei wesentlichen Merkmalen ab. Das erste Merkmal ist die **Bonität**. Unter Bonität versteht die Bank die Kreditwürdigkeit eines Menschen und/oder Unternehmens. Bonität entstammt dem lateinischen Wort „bonitas", was so viel wie „Vortrefflichkeit" bedeutet. Das Unternehmen und die Unternehmer müssen also gewillt und fähig sein, allen Zahlungsverpflichtungen fristgerecht nachzukommen. Dabei unterscheidet man zusätzlich zwischen persönlicher Bonität; stellt folglich auf die Zuverlässigkeit und Zahlungswilligkeit des Einzelnen ab sowie auf die materielle Bonität, also auf die objektive Fähigkeit, künftigen Zahlungsverpflichtungen nachzukommen. In Deutschland haben sich auf diesem Gebiet zahlreiche Kreditauskunftsdateien entwickelt. Was für Privatpersonen die Schufa ist, ist für Gesellschaften die Creditreform oder Bürgel. Auch hierbei gilt, dass negative Merkmale zur persönlichen Bonität oft absolutes Ausschlusskriterium für Kreditzugang sind. Hat also der Unternehmende seine Kreditkartenschulden, vergangene Kredite oder Telefonrechnungen nicht beglichen, ist die Chance auf Erhalt eines Kredites auf lange Zeit hin praktisch unmöglich.

Eine Lösung ist, Altschulden zuvor zu tilgen und die Löschung der Altlasten bei jenen Kreditauskünften zu bewirken. Es ist auch hier nicht unmöglich, mit einer ehemals schlechten Bonität, wieder eine reine Weste zu bekommen. Allerdings sollte diese vor Kreditantragstellung erfolgt sein. Wenn eine Bank sodann von der persönlichen Bonität überzeugt ist oder zumindest keine negativen Merkmale gefunden hat, um hieran zu zweifeln, dann braucht sie eine Vermögensaufstellung, um die materielle Bonität zu prüfen. Hat ein Einsteiger nichts, wird die Bank auf das Unternehmen abstellen. Ist der potenzielle Darlehenspartner vermögend, wird sie versuchen, sich hieran Sicherheiten geben zu lassen. In jedem Fall verbessern sich die Kreditkonditionen, je mehr Vermögen der Kreditantragsteller hat. Festzustellen ist, dass je größer das freie Vermögen ist, desto einfacher ist der Zugang zu Kredit und desto niedriger wird die Zinshöhe sein. Das erscheint ungerecht, ist aber so. Letztlich kommt es außerdem darauf an, wie hoch die Kreditsumme ist. Hohe Kreditsummen verlangen eine stärkere Bonität. Hieraus wiederum zu schlussfolgern, dass Berufseinsteiger ohne Vermögen einfach einen kleinen Kredit von beispielsweise 50.000 € erhalten: weit gefehlt.

Beispiel

Ein Fleischhändler wollte für den Wareneinkauf in Afrika einen Kredit von seiner Hausbank in Höhe von 50.000 € erhalten. Dessen Bonität war einwandfrei. Außerdem konnte er Eigenkapital in Höhe von 50.000 € als Sicherheit geben. Er hat dennoch keinen Kredit bekommen und wurde insgesamt bei drei Banken abgelehnt: Warum? Ganz einfach: ein Kreditinstitut ist ein Unternehmen. Die Bearbeitung eines Kreditantrages von 50.000 € kostet denselben Zeitaufwand, wie eine Kreditvergabe von 500.000 €. Der Unterschied liegt allerdings am Ertrag für die finanzierende Bank. Gehen wir von aktuell 4 % Zinsen aus, so verdient die Bank in einer Laufzeit von 5 Jahren weniger als 10.000 € bei dem Kleinkredit und das zehnfache bei dem größeren Kredit. Die Zinserträge sind jedoch nicht reiner Ertrag, denn die Bank selbst hat eine relativ niedrige Eigenkapitalquote und leiht sich das Geld selbst von ihren Kunden, anderen Banken oder der Zentralbank. So beträgt der Ertrag aus dem Kleinkredit maximal 1000 €, sofern die Umsatzrendite der Bank 10 % beträgt, was derzeit nicht der Fall ist. Diese 1000 € müssen teilweise 13 (!) BackOffice-Mitarbeitende pro Vertriebsmitarbeitender der Bank mitfinanzieren. Also lohnt sich der Kredit nicht für die Bank. Es ist deshalb deutlich schwerer, einen Kredit in Höhe von 50.000 € zu erhalten, als einen Kredit von 500.000 €.◄

Der zweite Aspekt für eine finanzierende Bank ist der **Track-Record** des Antragstellers. Hat dieser die Hürde der Bonitätsfrage überwunden, prüft die Bank seine Erfahrungen und die Kompetenz des Unternehmers oder von dessen Geschäftsführer. So sollte die Ausbildung zur Unternehmung bzw. der Branche passen. Bei Projektentwicklungen sollten bereits Erfahrungen vorliegen und die Ergebnisse erfolgreich gewesen sein. Der Track-Record darf nicht unterschätzt werden, da auch Banken inzwischen verstanden haben, dass Theorie und Praxis erhebliche

Unterschiede bedeuten. Wer also mehr Erfahrung vorweisen kann, wird eher Geld bekommen. Für Berufseinsteiger gilt abermals, dass traditionelle Bankgeschäfte schwerer zugänglich sind als für erfahrene Unternehmer. Natürlich ist ein fehlender Track-Record kein absolutes Ausschlusskriterium. Eine gute Bonität sowie ein margenreiches Vorhaben gleichen fehlende Erfahrung aus.

Das Allerwichtigste für eine finanzierende Bank ist die **Kapitaldienstfähigkeit** der Finanzierung. Jede Bank möchte das Geld innerhalb des vereinbarten Zeitraumes zurückerhalten. Entgegen langfristigen Immobilienbestandsfinanzierungen beträgt die typische Laufzeit einer Unternehmensfinanzierung 5–10 Jahre. Mit kürzeren Laufzeiten kann die Bank ein Geschäftsmodell besser nach heutiger Marktsituation anpassen. Außerdem sind Zinsschwankungen einfacher an den Kunden weiterzugeben und zu guter Letzt haben die meisten Unternehmer nur gemietete Räume und kurzfristige Lieferverträge usw., weshalb auch Finanzierungslaufzeiten von drei Jahren angeboten werden oder sogar Euribor-Darlehen – also kurzfristig kündbare Darlehen innerhalb von drei Monaten, die einen Aufschlag der Zinsen auf den jeweils gültigen Referenzzinssatz für Termingeschäfte zwischen Banken bedeuten. Innerhalb des Kreditzeitraumes müssen also die vereinbarten Tilgungen an das Bankhaus sowie die Zinsen geleistet werden. Reichen die errechneten Überschüsse aus, so spricht man von der Kapitaldienstfähigkeit. Bei Bestandsunternehmen ist es möglich, die Kapitaldienstfähigkeit aus den historischen Daten zu errechnen.

Beispiel: Waschstraße

Nehmen wir das Beispiel einer Waschstraße. Eine solche besteht seit 10 Jahren an einer hoch frequentierten Straße und wäscht seit 5 Jahren konstant über 150.000 Fahrzeuge pro Jahr zu einem durchschnittlichen Preis von 7 €. Der Überschuss beträgt laut Bilanz 170.000 € pro Jahr vor Steuern. Zieht man die besagten 30 % Steuerlast ab, verbleiben 119.000 € übrig. Mit einer heutigen Zinslast von 4 %, könnte der Unternehmer einen Kredit in Höhe von 2.975.000 € aufnehmen. Diese Summe ist dann auch die Bewertungsvorstellung eines Verkäufers oder Unternehmers. Nun müsste allerdings auch der Kredit getilgt werden. Nehmen wir eine Kreditlaufzeit von 10 Jahren an, dann reicht der Überschuss nicht mehr aus. Die Frage ist also, welche Bewertung man bräuchte, um Zins und Tilgung mit dem Überschuss decken zu können (siehe dazu auch Abb. 2.1).◄

Wir kommen im Ergebnis also darauf, dass bereits 1 Mio. Kreditvolumen knapp werden, will der Unternehmer kapitaldienstfähig sein. Umgekehrt wird die Bewertung kaum auf 1 Mio. heruntergesetzt. Die Kunst ist also, wie wir es schaffen, ohne Eigenkapital kaufen zu können. Dabei ist die Erstellung einer Waschstraße in der Größe von 50 m Länge etwa auf 1,6 Mio. € plus Grundstück zu schätzen.

Eine Variante ist es, sich den Preis der Fahrzeugwäsche anzusehen. Marktgerecht liegen die Durchschnittspreise aktuell bei 9–10 € pro Wäsche. Erhöht der Unternehmer also den Preis pro Wäsche um 2 € und verliert keine Kunden, dann erhöhen sich die Überschüsse vor Steuern bei gleichbleibenden Kosten um 340.000 €. Durch die Hebung des Potenzials auf 510.000 € p.a. verbleiben plötzlich 340.000 € Überschuss nach Steuern. Nun könnte das Finanzierungsvolumen auf 2 Mio. € steigen. Denn plötzlich hätte der Unternehmer 510.000 € übrig, wovon er die Zinsbelastung abzieht (80.000 €) und noch immer 430.000 € Überschuss vorweisen kann. Die Tilgungshöhe beträgt bei 10 Jahren 200.000 € pro Jahr, die er vom Überschuss **nach Steuern** (430.000 € minus 30 % Steuern

Abb. 2.1 Nettoliquidität und Struktur

= 301.000 €) ausgleicht. Ihm bleiben also nach Kredittilgung noch 101.000 €. Plötzlich könnte der Unternehmer mit einer Bewertung von 2 Mio. € aufwarten und bräuchte kein Eigenkapital für die Kreditaufnahme. An diesem Beispiel erkennen wir, dass es sich im Ker vieler Unternehmen nicht um Unternehmertum handelt, sondern um ein einfaches Finanzprodukt.

Gibt es keine historischen Daten, müssen Einnahmen plausibilisiert werden. Errechnet der Kreditantragsteller beispielsweise die Rentabilität einer Waschstraße, müssen Preisbildung und Frequenz insbesondere erklärt werden. Dies kann mit einem Gutachten erfolgen, das eine Wettbewerbsanalyse beinhaltet. Reine Projektvorhaben sind finanzierbar, wenn diese plausibel hinsichtlich Erstellungskosten, Wettbewerbsanalyse, Frequenzlage usw. präzise genug nachvollziehbar sind und der Unternehmer darlegen kann, dass er Erfahrung in der Branche und dem Geschäft hat, um Glaubwürdigkeit herzustellen.

2.3 Übersicht zur Bankenlandschaft

Nachdem die o. a. Formalien vorbereitet sind, ist es sinnvoll sich über die Bankenlandschaft zu informieren. Es gibt aktuell in der Bundesrepublik etwa 1500 Banken, wobei sich die Anzahl der sogenannten Kreditbanken 2021 um ein Drittel, sprich um 261 reduzierte [3]. Die Auswahl ist immer noch sehr groß. Zwar gibt es auch Finanzierungsvermittler, mit denen man über die richtige Bank sprechen und von denen man sich auch bei der Finanzierungsvorbereitung beraten lassen kann. Diese Unternehmen beraten jedoch nicht kostenfrei, aber erfolgsabhängig. Die Banken zahlen Innenprovisionen, die die eigene Kreditbelastung erhöhen. Banken wiederum verändern regelmäßig ihre Geschäftsmodelle. Während beispielsweise die Commerzbank kurz nach der Wirtschafts- und Finanzkrise zunächst Kunden ab 2,5 Mio. € Umsatz Aufmerksamkeit widmete, ist es heute wieder strategisch erwünscht, auch Existenzgründer mit Darlehen zu versorgen. Sparkassen und Volksbanken gelten als regionale Förderer. Große Sparkassen aus Hessen beispielsweise finanzieren inzwischen auch Projekte in anderen Bundesländern. Es gibt Banken, die erst ab einem Kreditvolumen von 10 Mio. € arbeiten und wiederum andere, die sich auf Umweltprojekte oder Hotelfinanzierungen konzentrieren. Es lohnt folglich, sich zu überlegen, welche Bank die richtige sein könnte und insbesondere nach spezialisierten Banken zu suchen. Außerdem lohnt sich ein Blick in die Entscheidungsstrukturen. Ab welchem Betrag werden weitere Mitarbeiter der Bank eingebunden bzw. bis zu welchem Betrag kann der Berater selbst entscheiden. Auch die Frage nach den zeitlichen Abläufen lohnt sich.

2.4   Eigenkapital und Eigenkapitalersatz

Eines der Haupthemmnisse bei Finanzierungen, ist das sogenannte „pain money". Geld des operativen Inhabers oder wirtschaftlich Begünstigten, der das Projekt bringt und steuert. Klassisch bekannt ist dies bei Immobilienfinanzierungen. Hier wollen Banken immer 15–40 % Eigenkapital sehen, um den Rest zu finanzieren – auch dann, wenn die Kapitaldienstfähigkeit gegeben ist. Ein Grund dafür ist, dass es viel leichter ist, fremdes Geld zu vernichten, als eigenes Geld ins Risiko zu stellen.

Beispiel: Der Fremdgeschäftsführer

In einer Fragerunde der Mitarbeiter einer großen Marketing-Agentur stellten sich der Autor, ein angestellter Geschäftsführer einer großen Autohandelsgesellschaft sowie ein ehemaliger Vorstandsvorsitzende einer großen Automobil AG Fragen zu Führungsverantwortung und Entscheidungen. Alle drei gehen davon aus, dass sie wichtige Entscheidungen so treffen, wie sie strategisch und wirtschaftlich am besten für die jeweiligen Unternehmungen sind, weil dies letztlich ihrer Funktion geschuldet sei. Tatsächlich liegt aber der wesentliche Unterschied zwischen den drei Entscheidern darin, dass der angestellte Geschäftsführer (oder die Geschäftsführerin) sowie der Vorstandsvorsitzende a. D. nie mit eigenem Geld umgehen mussten. So schauen die Entscheidungsträger zwar allesamt darauf, ob die Investition eine Chance auf Erfolg hat, das Unternehmen diese grundsätzlich leisten kann und setzen ihre Fähigkeiten und Kenntnisse für den Erfolg ein. Doch bei einem Inhaber mit eigenem Geldeinsatz ist dies anders. Er wird für einen Kredit mit eigenem Geld haften, wird eine persönliche Bürgschaft für Kreditmittel übernehmen und auch in Zukunft durch Zuordnung des Kredites auf ihn persönlich weitere Finanzierungsmittel einschränken müssen. Deshalb überlegt er sich dies sehr viel intensiver und geht mit Finanzierungsentscheidungen nicht so locker um, wenn Erfolge aus der Vergangenheit für Eventual-Erfolge der Zukunft herhalten müssen. Ein angestellter Geschäftsführer oder Vorstand wird ggf. in ein paar Jahren seine Stellung wechseln, was ein Inhaber gar nicht kann, weil er oder sie Anteile am Unternehmen hat und somit gebunden ist und nicht jederzeit gehen kann.◄

Auch ist es viel einfacher, von Dritten Darlehen zu erhalten, wenn eigenes Geld im Risiko ist. Für gestandene Unternehmer ist die Bereitstellung solchen Geldes gleichwohl erheblich einfacher als für Neustarter. Deshalb ist der Zugang zu Geld von armen Berufsanfängern umso schwieriger und eine der Hauptaufgaben in einer Gesellschaft liegt darin, talentierten und engagierten Menschen Unternehmertum durch Zugang zu Kapital zu ermöglichen.

Aber auch hierfür gibt es inzwischen Geschäftsmodelle und Industrien. In Deutschland gibt es etwa 2500 Förderprogramme der Landesbanken wie von der Investitionsbank Berlin (IBB) oder der Kreditanstalt für Wiederaufbau (KfW). Damit wird versucht, Geld und Bürgschaften an junge Unternehmer auszukehren. So gibt es einen Gründerbonus in Höhe von 50.000 € von der IBB bei Neugründungen oder es gibt ProFit-Förderungen oder Investitionsboni und GRW-Mittel. Das Problem all dieser Programme ist jedoch, dass zwischen Bearbeitung der Anträge bis hin zur Bewilligung teils ein Jahr und mehr vergehen. Sie können folglich lediglich ergänzend sein.

Tatsächlich haben sich ganze Bankinstitute herausgebildet, die sich beispielsweise auf Mezzanine-Kapital spezialisiert haben. Was jeder im Blick halten sollte, ist, dass Geld im Markt zirkuliert und Anlagemöglichkeiten direkt zu Unternehmen begrenzt sind. Überlegten wir uns beispielsweise, dass allein private Rentenbeiträge Milliarden Euro monatlich ausmachen, die wiederum Versicherungen anlegen müssen, kann sich jeder gut vorstellen, dass dringend nach diversifizierten Anlageprodukten der Anlageverpflichteten gesucht wird. Der Zugang wiederum von Menschen, die ihr Geld nicht an Banken oder Berater hergeben wollen, um beispielsweise 15.000 € mit mehr Ertrag anzulegen, als dies klassisch bei einem Sparkonto realisierbar ist, ermöglicht also, dass Eigenkapital durch Crowdfunding oder als Mezzanine eingeworben werden kann. Das Prinzip ist einfach: der Unternehmer bekommt nach Projektprüfung Geld von Dritten, das dann hinter Forderungen von Banken steht, und als Eigenkapital bewertet werden kann. Es ist hier absolut üblich, dass die Zinsen und Tilgungen nur jährlich oder am Ende eines Projektes bezahlt werden und die Anleger am Erfolg beteiligt werden – z. B. am Umsatz gerechnet. Die Anleger gehen wiederum ein großes Risiko ein, weshalb die Zinsen zwischen 9 und 12 % variieren. Mezzanine-Kapitalgeber wiederum können über Institutionen und Unternehmen organisiert sein, weshalb sie selbst Regularien unterliegen.

Die Vergabe von Mezzanine-Kapital – das Geld wiederum Fremder – ist ohne die Prüfung des Vorhabens und der steuernden Menschen allein aus Haftungsgründen praktisch ausgeschlossen. Neben der einzukalkulierenden Prüfzeit müssen viele Details bekannt sein. So müssen Bilanzen einer Kapitalgesellschaft, die sich an Geld von Anlegern bedient bis zum 30,06. des Jahres erstellt werden. Anders, wenn private Geldgeber gefunden werden, die partiarische Darlehen vergeben. Hierbei wird ebenfalls Geld, das als Eigenkapital eingesetzt und deklariert wird in die Gesellschaft gegen das Versprechen an der Beteiligung am Gewinn oder Unternehmen bereitgestellt. Bis 2018 war es dabei sogar möglich, Anteile an einer Gesellschaft in einem Treuhandvertrag zu erhalten, sodass fremde Dritte oder die Öffentlichkeit nicht sehen, wer tatsächlich wirtschaftlich berechtigt ist. Im Rahmen steuerlich-rechtlicher Verschärfungen, Transparenz und Kontrolle aber auch im Zuge der vielen Möglichkeiten von Informationszugang ist dies heute nicht mehr erlaubt. So müssen Treuhandverhältnisse offengelegt werden. Jeder Bürger kann heute in Deutschland über Auskunftsdateien wie Northdata oder ganz einfach bei handelsregister.de herausfinden, wer Gesellschafter ist und wie die einzelnen Verknüpfungen sind. Dies wiederum wurde Ende 2022 gerichtlich eingeschränkt, weil Verträge von Privatpersonen zu Beteiligungen, eingereicht beim Handelsregister, auch sichtbar machen, wo die Gesellschafter privat wohnen, was wiederum dem neuen Datenschutzrecht widerspricht. Wir haben also immer gestalterische, steuerliche, Transparenz- und Regulationsfragen zu betrachten, bevor Darlehen in die Gesellschaft fließen und abgesichert werden.

Ganz spannend wird es dann, wenn Gesellschafter Darlehen an die eigene Gesellschaft geben und diese verloren gehen. Zum einen müssen Zinsen eine bestimmte Höhe erreichen, um weder Schenkungssteuern noch verdeckte Gewinnausschüttungen zu verursachen. Die weitere Erläuterung hierzu würde dieses *essential* sprengen. Wissen sollte jeder Investor, dass die Gewährung und der anschließende Verlust des eingesetzten Kapitals nicht zu automatischer Abschreibemöglichkeit des verlorenen Geldes in der eigenen Einkommensteuer führt. Denn wenn der Gesellschafter einer Kapitalgesellschaft Darlehen in die eigene Gesellschaft zu günstigen Konditionen bzw. zu nicht marktüblichen Konditionen und Sicherheiten vergibt und das Darlehen nicht zurückgezahlt werden kann, dann ist es bei Totalverlust nicht steuerlich absetzbar. Ein Hemmnis für Investitionen bedeutet es auch, wenn bei einer KG die Einlage 500 € beträgt und ein Darlehen selbst marktüblich vergeben höher als diese Einlage ist. Auch dann ist das Geld nicht als Verlust abschreibbar. Es ist also immer auch über die Perspektive der Geldgeber nachzudenken.

Umgekehrt sind Einnahmen aus Zinsertrag zu versteuern – und zwar auch dann, wenn Zinsen nur gebucht aber nicht gezahlt sind. Auch dann sind diese zu versteuern. Und zwar als fremder Dritter im Wege der Kapitalertragsteuer plus Solidaritätszuschlag, der weiterhin nach jüngstem Urteil im Januar 2023 für Vermögende gilt. Ist man allerdings auch an der Gesellschaft beteiligt, könnte die Versteuerung als Einkommensteuer in Betracht kommen. Kompliziert wird es dann, wenn der angestellte Mitarbeiter – der Gesellschafter eines Start-Ups beispielsweise – zusätzlich sogenannte virtuelle Anteile hält und hieraus einen Ertrag erhält. Dann könnten die Anteile im rechtlichen Graubereich der Virtualität wiederum einkommensteuerpflichtig werden, obwohl die Werte nur fiktiv sind. Für diese Fälle sollten also besser die möglichen Konstruktionen vorher mit einem Steuerberatungsbüro besprochen und etwas Geld in die Hand genommen werden, als nach Jahren mit hohen Steuerbelastungen überrascht zu werden, die dann ggf. auf der Liquiditätsseite gar nicht zur Verfügung stehen.

2.5 Sicherheiten (Vermögen, Grundschulden, Bürgschaften)

Ein wesentlicher Baustein für Zugang zu Kapital sind Sicherheiten. Diese Sicherheiten dienen nicht allein als Grundmöglichkeit, an Geld zu kommen, sondern bedeuten immer auch bessere Konditionen von Finanzierern. Je geringer der Abstand zwischen Sicherheitswert und Finanzierungssumme, desto niedriger auch die Zinsen für geliehenes Geld. Nun sind nicht alle Sicherheiten wirklich werthaltig und eine Bank will auch keine Verwertung von Sicherheiten anstrengen müssen.

Die einfachste Sicherheit sind sofort verwertbare Vermögenswerte wie Barvermögen. Diese jedoch als Sicherheit zu hinterlegen – beispielsweise auf einem Sperrkonto – macht wenig Sinn, da das Vermögen dann für die Laufzeit des Kredites nicht mehr verfügbar ist.

Klassische und beliebte Vermögenssicherheiten stellen jedoch Grundstücke dar. Grundstücke können von externen Gutachtern bewertet werden, wobei stets zwischen Marktwert und Beleihungswert unterschieden wird. Grundstücke können nicht untergehen (Gebäudeversicherung deckt Schäden ab) und sind dem Zugriff der Bank durch Grundschuldbestellung absicherbar. Je nach Wert des Grundstücks können sogar Eigenmittel ersetzt werden. Dabei müssen Kreditnehmer und Grundstückseigentümer noch nicht einmal identisch sein. Grundstücke sind folglich verwertbare Sachwerte.

Beispiel

Der Kreditantragsteller will 1 Mio. € von einem Finanzinstitut haben und hat eine Logistikhalle in Berlin. Die Bewertung der Halle mit gut 150.000 € Jahresnettokaltmiete zum üblichen Mietpreis beträgt das Vierzehnfache der Jahresmiete, also 2,1 Mio. €. Damit könnte die Bank eine Million Euro bei weniger als 50 % des Marktwertes problemlos darstellen.◄

Die Fragen bei solchen Sicherheiten sind andere, nämlich erstens, wie hoch der Beleihungswert ist und zweitens, ob das Grundstück für weitere Finanzierungen herhalten kann. Müsste eine Bank wegen Nicht-Zahlung der Kreditraten auf das Grundstück zurückgreifen, entstehen hohe Kosten und Verwertungen dauern Zeit. Sie könnte dies beispielsweise zunächst durch Abtretungszugriff oder Zession der Mieteinnahmen beschränken. Bei einer Zwangsversteigerung des Grundstücks zur Verwertung besteht das Risiko, dass lediglich 70 % des Bewertungswertes in einer angesetzten öffentlichen Versteigerung erzielt würde. Die zwangsversteigernde Bank kann zwar eine Versteigerung jederzeit zurückziehen. Es gibt diese Möglichkeit jedoch nur, bei der Verfehlung der sogenannten Wertgrenze von 70 %. In obigem Beispiel also bei 1,47 Mio. €. Eine Bank wird also selten einen Kredit oberhalb dieser 1,47 Mio. € bereitstellen minus Kosten, wenn die einzige Sicherheit das o.a. Grundstück ist. Das Interesse eines Kreditnehmers liegt deshalb in einer möglichst hohen Bewertung.

Was außerdem klar sein muss ist, dass bei einem Kredit von 1 Mio. € und einer entsprechenden Grundschuld nicht später ein weiterer Kredit ohne Weiteres oder bei einer anderen Bank über 400.000 € möglich wird. Denn Banken lassen sich ungern im Grundbuch an nachfolgendem Rang eintragen. Sie wollen erstrangig im Grundbuch abgesichert sein. Zweitrangig gesicherte Verbindlichkeiten im Grundbuch lassen ebenfalls die Verwertung des Grundstücks zu; müssen nach Versteigerung jedoch zunächst die Schulden an vorderer Stelle des Grundbuchs bedienen. Im Grundbuch ist in Abteilung 3 des entsprechenden Blattes vermerkt, wofür das jeweilige Grundstück und an wen zu welcher Höhe haftet. Die Stellung einer Sicherheit durch Grundschuld eines Grundstückes muss also auch unter der Perspektive zur weiteren Nutzung wohl überlegt sein. Die Bestellung und Eintragung einer Grundschuld kann hier schnell auch satte vierstellige oder fünfstellige Notarkosten verursachen.

Nun verbleiben zahlreiche weitere Vermögenswerte, die ungern von Banken und Finanzierern genommen werden. Dazu gehören Fahrzeuge, Antiquitäten und ebenfalls Kryptowährungen (noch). Aber sie erhöhen bzw. verbessern die Bonität eines Antragstellers und damit auch das Gewicht der eigenen Bürgschaft. Im Rahmen einer direkten Finanzierungsanfrage erfolgt eine Bonitätsaufstellung, die wiederum gewichtet wird.

2.6   Zins und Tilgung

Noch bis Anfang 2022 bekamen Unternehmer und Private Geld für einen Zinssatz von teilweise niedriger als 1 %. Tilgungsraten konnten dann auch schnell bei über 3 % liegen. Die jahrelange Niedrigzinsphase sowie der Zugang zu Geld insgesamt setzte jeden Finanzierer unter Wettbewerbsdruck und gleichzeitig steigen bei den verfügbaren Geldmengen auch die Preise für sämtliche Vermögenswerte von Immobilien über Kunstgegenstände bis hin zu Unternehmungen. Außerdem wurden Anleger risikofreudiger und investierten auch teilweise recht plump in Start-Ups. Mit mehr Geld steigen wiederum die Möglichkeiten zu Aktivität und so waren viele geneigt, Geld aufzunehmen und auch für jede Art von Transaktion einzusetzen. Die hohen Preise sind seit 2012 sozusagen Ergebnis einer trainierten Entwicklung.

Als die Zentralbanken dann Mitte 2022 bis 2023 hinein zur Bekämpfung der durch Gelddruck verursachten Inflation die Leitzinsen erhöhten, stiegen Finanzierungszinsen von 4–5 % als Basismöglichkeit wieder deutlich an und dämpfen die Lust, Fremdkapital aufzunehmen. Die Preise für Unternehmen und Assets gleichwohl sind nicht gleichermaßen schnell gefallen und wenn Immobilien und Unternehmen unter Druck stehen und wiederum mit Finanzierungen hoch belastet sind, müssten die Bestandsfinanzierer auf Forderungen verzichten und solche abschreiben wollen, um Einstandspreise zu senken. Es besteht also keine ganz einfache (Übergangs-)Situation, bei der das richtige Timing für ein Investment nicht selten 50 % des Preises ausmachen kann. Wer also Geld oder Zugang zu Geld hat, dem sei ab und an zu raten, einfach zu warten.

Derzeit versuchen Finanzierer wieder Angebote aufzubauen, die in der Gesamtbelastung nicht zu stark von der bisherigen Gewohnheit abrücken. Das bedeutet, dass der Trend wieder dahingeht, Tilgungsraten zu senken oder gar ganz auszusetzen, um die absolute Zahlbelastung stabil zu halten. Dies kann in der Hoffnung auf steigende Preise und sinkende Zinsen in der Zukunft bisweilen interessant sein. Letztlich sind Zinsen jedoch Kosten und Tilgungen vom Gewinn nach Steuern zurückzuzahlen. Ist eine Finanzierung mit 5 % Zinsen und 1 % Tilgung bei einem Kreditvolumen von 1 Mio. € aufgebaut, bedeutet dies Zahlungen an den Finanzierer in Höhe von 60.000 € p.a. Nimmt man diesen Vergleich an und eine Finanzierung aus 2021 in Höhe von 1 % Zinsen und 5 % Tilgung, haben wir denselben Betrag von 60.000 € an die finanzierende Bank zu zahlen. Der Unterschied ist gleichwohl erheblich.

Einerseits ist nämlich der Liquiditätsabfluss aus der Gesellschaft bei höheren Zinsen geringer. Denn die 5 % Zinsbelastung sind eine Kostenposition. 50.000 € sind damit gegen laufende Steuern zu rechnen und verbessern so die Liquidität, wenn man so will. Hat das Unternehmen 100.000 € Gewinn, reduziert sich dieser um 50.000 €. Damit werden nur noch 50.000 € versteuert. Aus dem verbleibenden Überschuss von 50.000 € müssen dann Steuern gezahlt werden und die Tilgung von 1 % (35.000 € minus 10.000 €). Das bedeutet, dass bei den höheren Zinsen und dem niedrigeren Tilgungssatz 25.000 € Liquidität verbleiben, wenn das Unternehmen vor Finanzierung 100.000 € Überschuss erzielt hat.

Im Beispiel der niedrigeren Zinsen wäre es anders. Die 100.000 € Überschuss führen zu 90.000 € Überschuss, der mit 30.000 € zu versteuern ist. Bleiben also 60.000 € Liquidität, wovon 50.000 € für die Tilgung gezahlt werden und nur noch 10.000 € „free cash flow" übrigbleiben. Für die Liquidität ist der höhere Zins und die niedrigere Tilgung also auf den ersten Blick günstiger.

Tatsächlich aber sinken durch die höhere Tilgung die Zinsen mit der Zeit, da die Amortisation des Darlehensbetrages erfolgt. Außerdem wird die Belastung mit der Zeit frei und im Fall des Verkaufs ein erzielter Überschuss letztlich zu freiem Vermögen. Deshalb bricht auch der Immobilienmarkt derzeit trotz Tilgungsabsenkung völlig ein. Niemand will sein Einkommen für Finanzierungszinsen aufwenden, wenn perspektivisch die Schulden stehen bleiben. Die hohe Kunst ist also, möglichst geringe Zinsbelastungen zu vereinbaren.

Literatur

1. Löffelholz J (1952) Die Geschichte der Banken. In: Theisinger K, Löffelholz J (eds) Die Bank. Gabler Verlag, Wiesbaden. https://doi.org/10.1007/978-3-663-05480-1_1, zugegriffen am 18.05.2023
2. Sattler F (2020) Impulsbeitrag zur Geschichte der Banken. Gesellschaft für Unternehmensgeschichte e.V. https://unternehmensgeschichte.de/files/63/ImpulsbeitragBanken.pdf, zugegriffen am 18.05.2023
3. Deutsche Bundesbank (2022) Bankstellenentwicklung im Jahr 2021. Deutsche Bundesbank, Frankfurt a.M. https://www.bundesbank.de/de/presse/pressenotizen/bankstellenntwicklung-im-jahr-2021-893540, zugegriffen am 18.05.2023

Beispiele aus der Realität

3

3.1 Bewertung Autowaschstraße

Klassischerweise betrachten wir ein Bestandsunternehmen, das seit 2013 existiert. In Deutschland gibt es knapp 3,4 Mio. Unternehmen, wozu auch Einzelkämpfer und Kleinstunternehmen gehören. Davon erwirtschaften knapp 3 Mio. Unternehmen weniger als eine Million Euro Umsatz. Etwa 170.000 Unternehmungen schaffen es auf 2 Mio. € Umsatz. Weitere gut 180.000 Unternehmen liegen bis 10 Mio. € Umsatz und nur ganz wenige mit entsprechend höheren Umsätzen [1].

Wir schauen uns also hier ein Unternehmen mit 1,2 Mio. € Umsatz an. Wie hoch darf der Preis für ein solches Unternehmen sein und wer finanziert einen Kaufpreis? Zunächst einmal bewertet der Kaufinteressent also das Unternehmen.[1]

Bei dem exemplarisch genannten Unternehmen handelt es sich um ein seit 2013 gegründetes Unternehmen aus der Automobilbranche. Es wäscht Fahrzeuge in hoch frequentierter Lage in Berlin und erwirtschaftet gut 400.000 € Überschuss vor Steuern und Jahr. Zur Finanzierung eines Ankaufs kommen alle klassischen Bankhäuser infrage. Wir rechnen im ersten Schritt die Kapitaldienstfähigkeit aus dem Ertrag aus. Bei einem Überschuss in Höhe von 400.000 € werden 30 % Gewerbe- und Körperschaftssteuern abgezogen. Es verbleiben also 280.000 € nach Steuern übrig. Dazu addieren könnten wir noch 70 % der gebuchten Abschreibekosten, die tatsächlich nicht das Liquiditätsvermögen mindern (100 % der Kosten minus 30 % Steuerlast). Wir haben in diesem Beispiel folglich mindestens 280.000 €, die für Zins und Tilgung eingesetzt werden können. Wie wir wissen, sind die Zinsen (siehe oben) eine Kostenposition. Bei 5 %

---

[1] Siehe auch: Adelmann Q, Rassinger M (2020) Bewertung, Kauf und Optimierung von Unternehmen. Springer Gabler Wiesbaden. https://doi.org/10.1007/978-3-658-28978-2, zugegriffen am 18.05.2023.

Q. Graf Adelmann v. A., *Formen der (alternativen) Unternehmensfinanzierung*, essentials, https://doi.org/10.1007/978-3-658-42088-8_3

Rendite sprechen wir über einen Faktor von 20 (100: 20 = 5). Wenn wir deshalb den Ertrag mit 20 multiplizieren, gelangen wir auf einen Wert von 5,6 Mio. € für das Unternehmen.

Das würde wahrscheinlich jedoch niemand bezahlen, weil 5% Rendite mit anderen Geldanlagen sicherer und einfacher zu verdienen ist. Außerdem werden in Zukunft Investitionen zur Instandhaltung oder zur Modernisierung der technischen Anlagen notwendig werden und niemand arbeitet allein für eine finanzierende Bank. Ertrag muss sich schließlich zum eigenen Vermögensaufbau lohnen. Aktuell gehen bei Gewerbekaufverträgen Finanzierungszinsen auf 5 % und höher hin. Außerdem wollen Banken in spätestens 12 Jahren ihr verliehenes Geld zurück, wenn es sich beim Finanzierungsobjekt nicht um eine Immobilie handelt. Gehen wir von 12 Jahren aus, brauchen wir 8,3 % für Tilgung (100: 12 = 8,33). Nehmen wir überschlägig gerechnet diese 8,3 % plus 5 % Zinsen an, dann haben wir einen Überschussbedarf von 13,3 %. Diese 13,3 % wiederum durch 100 geteilt ergibt eine Rentabilität von 7,5 %, die es braucht, wenn der heutige Überschuss im Groben alle Rückzahlungen an die Bank nebst Zinsen decken soll. Wie hoch darf also der Kaufpreis bis zur Linie der Kapitaldienstfähigkeit sein?

Ein Schritt zurück:

Wir gehen von einem Überschuss in Höhe von 280.000 € nach Steuern (mit dem Puffer der Abschreibungen) aus. Wenn wir den Faktor 7,5 annehmen, erreichen wir einen Wert in Höhe von 2,1 Mio. €. Rechnen wir nun rückwärts bei einer 100 %-Finanzierung die 5 % Zinsen p. a., bekommt die finanzierende Bank 105.000 € Zinsen p.a. anfänglich. Diese Zinsen reduzieren sich nach Ablauf eines jeden Jahres mit den Tilgungsraten in Höhe von 175.000 €. Wenn der Kaufpreis also 2,1 Mio. € beträgt, lassen sich die Kosten und Rückzahlungen decken. Darüber hinaus wird es schwierig. Eine Bank würde hier bei guter Bonität, Sicherheit über Immobilieneigentum oder langfristiger Mietverhältnisse ein Geschäft auch voll finanzieren. Zum einen sinken die Zinsen proportional mit der Kredittilgung, zum anderen können 30 % der Zinszahlungen in der Liquidität übrigbleiben, weil sie als Kosten gegen die Steuerlast gerechnet werden können. Aber Achtung: die Struktur der Unternehmung trägt einen wesentlichen Teil der Finanzierungsmachbarkeit.

3.2 Käuferstruktur

Nicht das Unternehmen finanziert den Kauf, sondern die Gesellschafter des Unternehmens. Belastungen werden dann wiederum deutlich komplizierter. Die Gesellschafterin könnte eine Kapitalgesellschaft sein. Diese erhält als reine Beteiligungsgesellschaft Gewinnausschüttungen und erst auf jener Ebene ist schließlich zu versteuern (Abb. 3.1).

Außerdem kalkuliert eine Bank die Erstellungskosten für eine solche Waschstraße, um den Gesamtwert und dessen Sicherheit zu gewichten. Würde die Errichtung der Waschstraße nur 1 Mio. € kosten, wäre der Wert durch Kunden, Lage usw. höher aber weniger asset-bezogen und ggf. nicht finanzierbar.

Schafft es der Käufer, eine Waschstraße wie diese ohne Eigenkapital zu erwerben und dieses zu wiederholen, kann getrost von einem Finanzmodell gesprochen werden. Denn die Tilgungen sind Vermögensaufbau. Mit jedem abgelaufenen Jahr reduzieren sich die Schulden des Unternehmers. Plötzlich bleiben Beträge für

Abb. 3.1 Nettoliquidität und Struktur. (Quelle: Quirin Graf Adelmann)

Wachstum oder Ausschüttung übrig, die zuverlässig wiederum geleveragt werden können. Bei vielen Unternehmen geht es deshalb nicht um das operative Produkt. Große Autowerkstattketten mit ihren jeweiligen Dienstleistungen oder Handwerksleistungen werden nicht mehr also solche sehen, sondern nur noch als reines Finanzprodukt (Abb. 3.2).

Freiwerdende Tilgungsraten könnten an Investoren auf dem Finanzmarkt bei genügender Größenordnung wiederum interessant sein, um „sichere" 2 % Zinsertrag für Anleger zu versprechen. Auf dieser Basis könnte so wiederum günstigeres Geld von Anlegern eingesammelt werden, die eine gewisse Sicherheit durch konstanten Kapitalertrag versprochen bekommen. Und schon ist ein Finanzprodukt geschaffen worden, aus dem das finanzierende Unternehmen selbst ein Finanzprodukt geworden ist und sehr viel Geld zur Verfügung hat, um wiederum weiter einzukaufen und zu wachsen. Problematisch werden solche Vorhaben erst dann, wenn allein der Expansion wegen zu teuer eingekauft wird oder Investitionen in die jeweiligen Waschstraßen verzögert oder nicht vorgenommen werden und Umsätze und/oder Erträge sinken. Gut beobachten konnten Anleger dies bei Hotelgruppen beispielsweise.

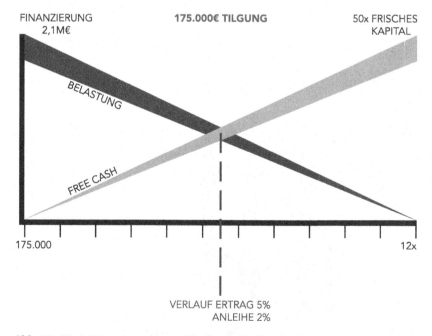

Abb. 3.2 Kapitalisierung von Ertrag. (Quelle: Quirin Graf Adelmann)

Umgekehrt ist es schön zu wissen, dass nach 4–5 Jahren das eigene Risiko der Finanzierungslast sinkt und neue Spielräume schafft. Vermögensaufbau lässt sich von Null heraus also durchaus schaffen. Natürlich ist hierfür die Voraussetzung, dass der Verkäufer für 2,1 Mio. € verkauft und dann kein Eigenkapital benötigt wird. Es gibt hunderttausende Unternehmen, die Nachfolger suchen. Allein in Berlin werden in den kommenden Jahren seit 2023 pro Jahr 1.800 Unternehmensnachfolger gesucht. In solchen Beispielen könnte ein gutes Netzwerk oder der Aufbau dazu entsprechende Gelegenheiten schaffen.

3.3 Der Besserungsschein und Derivat zum Besserungsschein

Will der Verkäufer mehr, als jene 2,1 Mio. € und steht dennoch kein Eigenkapital zur Verfügung, lassen sich weitere Finanzierungslösungen finden. So gibt es klassischerweise das Modell des Besserungsscheines.

Je nach Marktlage verändern sich auch die Bedingungen und Zugang zu Bank und Finanzierung. Wenn nun ein Käufer als Berufseinsteiger oder aus anderen Gründen kein Eigenkapital hat, um die Verkaufspreisvorstellung eines Verkäufers zu erfüllen, beide das Geschäft dennoch ermöglichen wollen, bleibt die Option des sogenannten Besserungsscheins. Unter Besserungsschein versteht man die Erhöhung des Kaufpreises oder die Verbesserung der Bedingungen unter bestimmten eintretenden Ereignissen. Es gibt Vereinbarungen, die Zahlungen zusätzlich zum Kaufpreis an den Verkäufer festlegen. Besserungsscheine lösen auch die Diskrepanzen zwischen der Vorstellung eines Verkäufers über den Wert seines Unternehmens und die des Käufers, der das Unternehmen mit ungewisser Zukunft mindestens ebenso ertragreich weiterführen soll.

Besserungsscheine sind gleichwohl recht unbeliebt. Die Kontrolle des verkauften Unternehmens geht an den Käufer über. Etwaige Fehlentscheidungen eines Käufers in der Zukunft kann der Verkäufer nicht mehr beeinflussen. Umgekehrt will sich ein Käufer auch nicht im Rahmen von Auskunftsansprüchen dauernd in die Bücher schauen lassen und über eine vergangene Einigung diskutieren müssen. Im vorliegenden Beispiel könnte der Verkäufer einen Kaufpreis in Höhe von 2,5 Mio. € und damit 400.000 € mehr haben wollen, als ein Käufer zahlen kann oder heute will.

Eine Lösungsmöglichkeit wäre also, diese 400.000 € an Bedingungen zu knüpfen. Die einfachste Lösung ist die Verknüpfung weiterer Zahlungen an den Käufer an den Umsatz der Gesellschaft. Denn dann gibt es keine Diskussionen über den Break-even bzw. die Kostenstruktur und Angemessenheit von Gehältern,

Investitionen usw., wenn man weitere Zahlungen an Ertragsergebnisse knüpfen würde. Gleichwohl sollte jeder Besserungsschein ein zeitliches Limit haben.

Ein wichtiger weiterer Aspekt des Besserungsscheins ist deren Sicherung. Eine Option ist, dass der Verkäufer als Mitgesellschafter ohne Bestimmungsrecht in der Gesellschaft bleibt. Wenn in einem Fall 20 % der Anteile beim Verkäufer bleiben und nur 75 % Mehrheit Satzungsänderungen oder operative (Allein-) Bestimmung zulassen und diese 20 % an den Käufer nach Ablauf von Zeit oder Erfüllung der 400.000 € zufallen, wäre der Besserungsschein abgesichert. Gegen Insolvenz sichert gleichwohl nichts wirksam ab. Jedes Geschäft wird vom Markt bestimmt. Gibt es bessere Käufer, dann wird das Geschäft ohnehin nicht funktionieren und umgekehrt. Bei dieser Konstruktion ist gleichwohl zu beachten, dass eine finanzierende Bank nur dann die hier beispielhaften 2,1 Mio. € Kaufpreis voll finanziert, wenn sämtliche Gewinne der Gesellschaft zum Kapitaldienst dienen. 80 % Anteile an der Gesellschaft reichen dann in manchen Konstellationen nicht aus. Lösen kann man dies, indem man durch Gesellschafterbeschluss alle Gewinne grundsätzlich dem Käufer überlässt oder sogar einen Gewinnabführungsvertrag im Handelsregister registriert. Dann hat eine finanzierende Bank die Grundlage dafür, 2,1 Mio. € voll zu finanzieren (siehe Beispiel in Abb. 3.3).

Abb. 3.3 Beispiel Besserungsschein. (Quelle: Quirin Graf Adelmann)

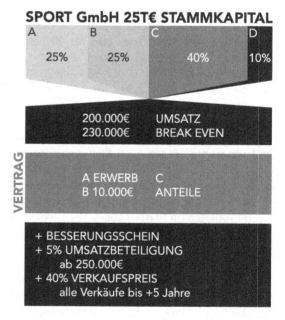

Literatur

1. Rudnicka J (2022) Anzahl der rechtlichen Einheiten/Unternehmen[1] in Deutschland nach Umsatzgrößenklassen im Jahr 2021. Statistisches Bundesamt, Wiesbaden. https://de.sta tista.com/statistik/daten/studie/239418/umfrage/unternehmen-in-deutschland-nach-ums atzgroessenklassen/, zugegriffen am 18.05.2023

Bewertung und Finanzierung von Immobilien

4.1 Die Gewerbeimmobilie

Um das Prinzip einer Finanzierung sowie außerdem grundsätzlich zu verstehen, wie Finanzmodelle aussehen, dient die Finanzierung einer Immobilie als gutes Beispiel.

Die Grundlage einer jeden Finanzierung ist die Bewertung der Immobilie, die wiederum auf Kapitaldienstfähigkeit basiert. Vor der Wirtschafts- und Finanzkrise 2008/2009 haben Banken gern das Modell LtC oder Cash Flow Loan genommen. Die Bank oder der Bewerter schaut sich also an, welche tatsächlichen Geldeingänge in Form von Nettokaltmiete besteht, multipliziert diese mit einem Faktor und kommt so auf eine Bewertung. Heute allerdings haben Bewerter aus der Bankenkrise gelernt. Denn Mieten könnten auch überhöht oder nicht nachhaltig sein. Deshalb setzen Finanzierer heute auf LtV oder Loan to Value. Es wird sich also genau angesehen, ob der Cashflow der erwarteten Realität entspricht. Hat ein Eigentümer beispielsweise in einer Neben-Einzelhandelslage einen Mieter, der ihm für 100 qm Fläche 50 € nettokalt zahlt und würde bei Neuvermietung nur 15 € realistisch sein oder zahlen die Nachbarn entsprechend weniger, berücksichtigt der Bewerter eben die niedrigere Höhe für die Immobilie als Grundlage und nicht den tatsächlichen Mieteingang – auch wenn dieser schon eine Weile gezahlt wird. Das hat wiederum erhebliche Auswirkung auf den Einsatz von Eigenkapital.

Beispiel

Ein 600 qm großes Ladengeschäft in einem Geschäftshaus in Berlin-Mitte wird von einem Designer-Möbel-Fachgeschäft betrieben. Der Betreiber zahlt 16 € Nettokaltmiete und damit 115.200 € jährliche Miete. Dieses echte

Q. Graf Adelmann v. A., *Formen der (alternativen) Unternehmensfinanzierung,* essentials, https://doi.org/10.1007/978-3-658-42088-8_4

Beispiel ist aus 2007. Der Mieter hatte ein Sonderkündigungsrecht wahrge-
nommen und das Mietverhältnis in der Hoffnung auf günstigere Konditionen
zum 31.08.2007 gekündigt. Nun stellte sich die strategische Frage, ob der
Eigentümer mit dem Mieter, der die Miete herabsenken wollte, spricht oder
pokert. Für den Mieter ist der Aufwand eines Umzuges und Etablierung des
gut laufenden Geschäfts an anderer Stelle teuer. So kostet ihn der Umzug
120.000 €. Es gab in Berlin zu dieser Zeit einige Alternativen für 12 €
Miete. Der Mieter spart also 28.800 € jährliche Miete, wenn er auf diese
12 € verhandeln kann. Bei 5 Jahren üblicher Mietvertragslaufzeit ergibt das
eine Ersparnis von 24.000 € trotz Umzuges für die Laufzeit von 5 Jahren.
Diese Perspektive muss man kennen. In diesem Fall schloss der Mieter zum
Ende der Kündigungszeit einen neuen Mietvertrag von 5 Jahren für eine Miete
von 21 €/ qm. Der Mieter hatte sich also verkalkuliert. Aber was bedeuten
diese 5 € mehr Miete pro qm für den Eigentümer der Mietfläche? Für den
Mieter bedeuten dies zunächst eine monatliche Mehrmiete von 3000 € und
damit wohl zu dieser Zeit das Gehalt eines Verkäufers/Verkäuferin. Für den
Eigentümer des Hauses jedoch 36.000 € mehr Miete pro Jahr, ohne dass er
etwas dafür tun musste.◄

2007/2008 lagen die Finanzierungszinsen für Immobilienkäufe noch bei etwa
4–5 % (so wie derzeit in Berlin). Seinerzeit glaubte man außerdem nicht an
den gewerblichen Markt in Berlin. Dies erkennt der Branchenfremde daran, wer
die Maklerprovision für das Auffinden von Mietern zahlt. Seinerzeit zahlten die
Eigentümer im gewerblichen Bereich die Vermittlungskosten für den Abschluss
von Mietverträgen. Üblicherweise erhielten Makler also zwischen 3 und 3,6
Monatsmieten Maklercourtage für Büromieter. Im Einzelhandel zahlte Mieter
lediglich in sehr guten Lagen wie am Kurfürstendamm die Maklercourtage,
wozu in Berlin-Mitte nur zwei Straßen um den Hackeschen Markt gehörten. Die
Kombination zwischen Zinshöhe und Marktglaube führten in diesen recht guten
Mitte-Lagen zu einem Bewertungsfaktor für den Marktwert einer Immobilie auf
einen Faktor von 16. Die sechzehnfache Jahresmiete sollte also Bewertungs-
grundlage sein. Bei 16 € Miete und 600 qm Fläche kommen wir also auf einen
Flächenwert in Höhe von 1,843 Mio. € (16 € × 600 × 12 × 16). Bei einer Miete
in Höhe von 21 € erreichen wir bereits 2,419 Mio. € also ganze 576.000 € mehr
Wert. Diese 576.000 € ermöglichen dann auch dem Eigentümer, Maßnahmen für
einen Mieter zu subventionieren oder eben auch, eine Finanzierung zu beantragen. Hat ein Eigentümer das Haus nämlich zu besagten Faktor mit niedrigen
Mieten erworben und steigen nun die Mieten wie hier erheblich, steigt auch der

Immobilienwert überproportional hoch, wenn man sich nur die 5 € Mehrmiete in absoluter Zahl zum Mehrwert des Objektes betrachtet.

Natürlich schauen sich Banken inzwischen an, ob eine Miete marktgerecht und nachhaltig ist und außerdem, ob die Bonität des Mieters und dessen Geschäftsmodell die Bezahlung der Miete dauerhaft ermöglichen. Finanzierer bewerten heute die Quelle des Cashflows auf Machbarkeit und Nachfolgevermietungsmöglichkeit. Nun, 2007 lag der Faktor noch bei sechzehnfach. In der Wirtschafts- und Finanzkrise gab es für gut 2 Jahre dann plötzlich überhaupt keine Finanzierungen mehr, weil Bankhäuser selbst in Schieflage geraten waren. Nach Gelddruckanwurf der Zentralbanken weltweit wurde Geld dann wieder leicht verfügbar. Plötzlich sanken die Finanzierungszinsen bis zu seinem Höhepunkt Ende 2021 auf nahezu unter 1 %. Niedrige Zinsen bedeuten eine Kapitaldienstfähigkeit in obigem Beispiel von 20fach, ohne eigenes Geld einsetzen zu müssen. Plötzlich führen also diese 600 qm Fläche nebst 5 € Mehrmiete zu einem Mehrwert von 720.000 €. Allerdings war soviel Geld im Markt und Büromieten und Einzelhandelsflächen wurden ebenso rar, dass in Mitte-Lagen gern 30fach und sogar bis zum vierzigfachen der Jahresmiete als Immobilienkaufpreis gezahlt wurden.

Diese 5 € Mehrmiete bedeuten dann plötzlich (unrealisierte) Mehrwerte der Immobilie von weit mehr als einer Million Euro. Bankhäuser finanzieren gleichwohl nicht oberhalb der Kapitaldienstfähigkeit und wenn ein tatsächlicher Verkauf 2021 verpasst wurde, muss seit 2022 bis zum nächste Gelddruckanwurf womöglich warten und bei Anfang 2023 herrschender Zinsen von 5 % wiederum Wertverluste hinnehmen. Das mögen Immobilieneigentümer jedoch wiederum verkraften, wenn sie nicht Eigenkapital finden müssen, weil möglicherweise hohe Finanzierungen auslaufen und ihre Aktienwerte gesunken sind, Mieter in Schieflage oder einfach Bilanzwerte nach unten zu korrigieren sind (siehe auch Abb. 4.1).

4.2 Das Immobilienprojekt

Mit dem Anziehen der Finanzierungszinsen Mitte 2022 sind bis Anfang 2023 praktisch sämtliche Wohnimmobilienfinanzierungen zum Erliegen gekommen. Warum ist das so? Dazu muss die grundsätzliche Struktur einer Projektfinanzierung verstanden werden. Zunächst einmal ist der Vorteil beim Angebot an Wohnflächen, dass Wohnungsmieter in aktueller Wohnungsnotlage in der Bundesrepublik Deutschland bei 700.000 fehlenden Wohnungen [1] eher bereit oder gezwungen sind, höhere Preise zu akzeptieren. Das Fehlen von Wohnungen

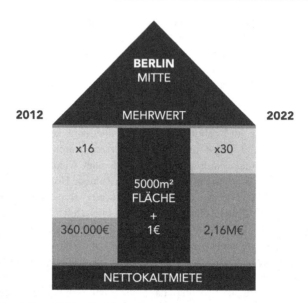

Abb. 4.1 Der 1-Euro-Effekt. (Quelle: Quirin Graf Adelmann)

könnte deshalb insbesondere für Finanzierer ein Grund sein, Immobilienprojekte mit Wohnraum zu finanzieren. Bei näherer Betrachtung stellen wir fest, dass für 83 Mio. Einwohner Ende 2021 gut 41 Mio. Wohnungen existierten, von denen die durchschnittliche Größe 92 qm beträgt. Jeder Einwohner nutzt also 47,7 qm Wohnraum. In Deutschland beträgt die Eigentümerquote 42 % und die durchschnittliche Mietbelastungsquote (Bruttomiete im Verhältnis zum Nettoeinkommen) 27,8 %, wobei die Belastung in Großstädten um 30 % höher liegt [2]. Ein Immobilienprojektentwickler bietet also ein Produkt an, das in Deutschland dringend gebraucht wird. Warum sollte dann die Finanzierung von Neubauten schwierig sein?

Zum einen werden Immobilienprojekte von Bankhäusern ungern finanziert. Überdies finanzieren auch die für Projektfinanzierungen spezialisierten Bankhäuser nicht jede Projektgröße und nicht überall. Dies hat unterschiedliche Gründe. Es gibt regionale Sparkassen und Volksbanken, die das Geld ihrer Kunden nur regional einsetzen. Andere Bankhäuser wollen große Finanzierungssummen nur mit Kooperationspartnern angehen. Die finanzierende Bank wird zudem lediglich 3–4 Jahre begleitend tätig sein. Es muss sich also der Aufwand zum Risiko lohnen. Deshalb sind Zinsen beispielsweise höher und es werden Bankbearbeitungsgebühren abverlangt.

Zudem gibt es zahlreiche Risken: das erste Risiko ist der Erhalt einer Baugenehmigung. Ein weiteres Risiko ist, dass Planung und Bau am Bedarf der Wohnungsnutzer vorbeiplanen. Es kann sein, dass die Mikrolage am Standort der Wohnungen den Bedarf von kleinen Wohnungen für ältere Menschen bedurft hätte und zu große Wohnungen errichtet wurden oder umgekehrt zu viele kleine Wohnungen gebaut wurden, die Umgebung aber Familien unterbringen will oder dass die Grundrisse ineffizient sind oder zu viele Allgemeinflächen geplant und gebaut werden, die sich weder auf Miete noch auf Wohnraumpreis niederschlagen lassen usw. Das nächste Risiko ist das Baurisiko. Wenn beispielsweise Bodenkontaminationen während des Baus entdeckt werden oder das Bauunternehmen Preise oder Fertigstellungstermine nicht halten kann. Zu guter Letzt besteht das Vertriebs- und Vermietungsrisiko. Jedes Projekt ist lediglich eine Idee, die erst noch verwirklicht werden muss. Am Ende muss ein Ertrag geschaffen werden, der die Kosten trägt und die Finanzierungsaufwendungen zurückzahlt. Bei Immobilienprojekten schaut sich der Finanzierer folglich an, ob ein Verkauf des Projektes als Mietwohnungen an einen Investor möglich oder bereits durchgeführt wird oder eben als Eigentumswohnungen an einzelne Wohnungseigentümer.

So kommt es, dass sich eine Bank immer die Vermietungsfähigkeit des Objektes ansieht. Am Ende der Berechnung einer Bank stehen die Flächen also immer der möglichen Einnahmen aus Vermietung gegenüber. Heute betragen die Baukosten brutto 2600 € pro Nettoquadratmeter Wohnfläche, die Baunebenkosten und Finanzierungskosten werden gut 900 €/ qm betragen und Grundstücke werden nicht selten schon in mittleren Lagen bei 1500 €/qm hoch sein. Damit liegen die Erstellungskosten – ohne dass der Entwickler bisher einen Ertrag erzielt hat – bei 5000 €/ qm. Bei derart hohen Erstellungskosten (hoch im Vergleich zu Wohnbauerstellungskosten vor 10 Jahren in Deutschland durch Verdopplung), muss ein Mieter pro Quadratmeter Wohnfläche für Miete und Nebenkosten bei gestiegenen Zinsen rund 20 € Nettokaltmiete pro Quadratmeter Wohnung entrichten, damit sich ein Projekt realisieren lässt. Eine Bank schaut sich also an, ob Mieter zu solch hohen Mieten in der jeweiligen Lage anmieten würden. Immerhin kommen hier drei bis vier Euro Betriebs- und Nebenkosten hinzu. Soll das Gebäude in bester Münchner Lage gebaut werden, werden wohl Mieter das oben angegebene Drittel ihres Einkommens verfügbar haben. In anderen Gegenden Deutschlands wird dies auch dann nicht so sein, wenn die Mietflächen einfach sinken, um die absoluten Mietkosten auf dieses Drittel abzufangen (siehe auch Abb. 4.2) [3].

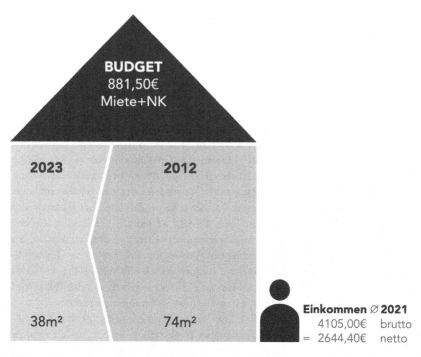

Abb. 4.2 Die Flächen-Delle. (Quelle: Quirin Graf Adelmann)

Daraus folgt, dass die Bank ihr Risiko deckeln will. Sie berechnet also, welcher Mietertrag derzeit möglich ist, und überträgt das Vermarktungsrisiko auf den Entwickler. Das wiederum funktioniert, indem er die theoretische Differenz durch Eigenkapital ausgleicht. Also: Wenn der Entwickler 1000 qm für 5.000.000 € errichtet und die finanzierende Bank nur an Miethöhen von Nettokalt von 13 € glaubt (156.000 € NKM p. a.), dann bewertet sie das fertige Gebäude bei aktuellen Zinsen von 5 % mit dem zwanzigfachen der Jahresmiete; mithin mit 3.120.000 €. Mit dieser Bewertung sieht sie rein rechnerisch ihr Risiko gedeckt. Also muss der Entwickler die Differenz von 1.880.000 € selbst darstellen können. Dies gilt übrigens auch für Wohneigentum. Will ein Entwickler die einzelnen Wohnungen verkaufen und denkt, dass die Verkaufspreise viel höher erzielbar sind als diese 5000 €, dann wird der Entwickler dennoch zunächst so viele Wohnungen verkaufen müssen, bis eine Bank trotz eines theoretischen Verkaufsstopps die Kapitaldienstfähigkeit durch Vermietung erreicht.

Der Entwickler muss also auch in diesem Fall auf Basis der Vermietungseinschätzung eine Vorverkaufsquote erfüllen, die dann bei 37,6 % liegt. Um überhaupt vorverkaufsfähig zu sein, muss der Entwickler seine Bauplanung bereits fortgeschritten haben und die Einheiten planerisch und auch hinsichtlich Baugenehmigung so sicher hergestellt und damit mit Eigenkapital vorfinanziert haben, dass er überhaupt verkaufen darf. Deshalb sind Neubauprojekte in aktueller Lage nahezu eingeschlafen. Denn auch Wohnungskäufer müssen plötzlich für 100 qm nicht selten 1 Mio. € (Wohnung + Kaufnebenkosten + Einbauküche + Stellplatz) entrichten, was Eigenkapital abfordert. Nehmen wir hier an, dass 20 % Eigenkapital vorhanden ist. Rechnen Sie nach:

1 Mio. € Kaufpreis plus 10 % Kaufnebenkosten plus Küche – 20 % Eigenkapital = 880.000 € = 3666 € monatliche Zinsen. Daneben sinken die Tilgungsraten, es werden keine Eigenkapitalzinsen eingenommen und es bleibt nur die Hoffnung, dass sich die Liquiditätsbelastung auf den Haushalt durch Werterhöhung des Wohneigentums erhöht (siehe auch Abb. 4.3).

Die Zinsbelastung hat sich seit 2022 vervierfacht. Das muss man mit einem Einkommen zunächst einmal tragen können.

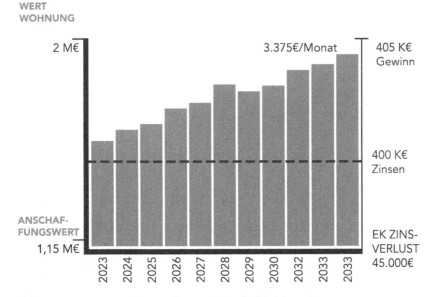

Abb. 4.3 Wertzuwachs 10 Jahre. (Quelle: Quirin Graf Adelmann)

Umgekehrt rechnen Entwickler mit 10 % Ertrag. Wenn diese dann fast 2 Mio. € Eigenkapital einsetzen müssen, um 500.000 € vor Steuern und nach 4 Jahren Entwicklungs- und Bauzeit erzielen, ist das Verhältnis oft uninteressant.

Literatur

1. Boddenberg S (2023) Wohnungsmangel in Deutschland so hoch wie seit 30 Jahren nicht mehr. Zeit Online, Hamburg. https://www.zeit.de/wirtschaft/2023-01/wohnungsmangel-mieterbund-lage-immer-dramatischer, zugegriffen am 18.05.2023
2. Statistisches Bundesamt (2023) Haushalte wendeten 2022 durchschnittlich 27,8 % ihres Einkommens für die Miete auf. Statistisches Bundesamt, Wiesbaden. https://www.destatis.de/DE/Themen/Gesellschaft-Umwelt/Wohnen/_inhalt.html, zugegriffen am 18.05.2023
3. Statistisches Bundesamt (2023) 63 % des Bruttoeinkommens stammen aus Erwerbstätigkeit. Statistisches Bundesamt, Wiesbaden. https://www.destatis.de/DE/Themen/Gesellschaft-Umwelt/Einkommen-Konsum-Lebensbedingungen/Einkommen-Einnahmen-Ausgaben/_inhalt.html, zugegriffen am 18.05.2023

Alternative Finanzierungen

5

Der Komfort einer Unternehmensfinanzierung weicht, sobald ein Unternehmen in Schieflage gerät und der Zugang zu klassischen Finanzierungen damit versperrt ist. Dabei bleibt natürlicherweise die wichtigste unternehmerische Herausforderung: Sicherstellung des Cashflows, um laufende Kosten tragen und einkaufen zu können, sowie um notwendige Investitionen stemmen zu können. Es unterscheidet sich hierbei zwischen der Hürde der formalen Finanzierbarkeit eines Unternehmens, um die Geschäfts- und Bilanzzahlen zu verbessern und den Zugang zu klassischen Banken wieder oder überhaupt herzustellen und den tatsächlichen Mitteln, um schlichtweg handlungsfähig zu bleiben.

5.1 Hebung von stillen Reserven

Jeder Finanzierer wird sich aktuelle Zahlen vorlegen lassen, um zu bewerten, ob die Kapitaldienstfähigkeit des Unternehmens gegeben ist. Außerdem wird eine Bilanz dahingehend geprüft, ob die Gefahr einer Insolvenz vorliegt. Befinden sich auf einer Bilanz höhere Verbindlichkeiten (Passiva), als Vermögen in der Gesellschaft (Aktiva), dann spricht man von bilanzieller Überschuldung des Unternehmens. Mit der bilanziellen Überschuldung endet in der Regel die Möglichkeit, ein Unternehmen zu finanzieren. Unbeliebt bei Steuerberatern aber durchaus und oft möglich ist, die Überschuldung einer Gesellschaft durch die Hebung stiller Reserven auszugleichen oder Verbindlichkeiten durch Rangrücktritt zu verlagern.

© Der/die Autor(en), exklusiv lizenziert an Springer Fachmedien Wiesbaden GmbH, ein Teil von Springer Nature 2023
Q. Graf Adelmann v. A., *Formen der (alternativen) Unternehmensfinanzierung,* essentials, https://doi.org/10.1007/978-3-658-42088-8_5

Beispiel

Ein Handwerksbetrieb hat über 20 Jahre lang Werkzeuge und Maschinen für 1.500.000 € gekauft. Diese Maschinen und Werkzeuge sind je nach Anschaffungszeitpunkt bereits abgeschrieben. Diese Maschinen stehen in der Bilanz also mit einem Buchwert von Null Euro auf das Aktiva-Seite im Anlagevermögen. Müsste der Unternehmer diese neu oder gebraucht erwerben, müsste der Handwerker jedoch dafür Geld bezahlen. Außerdem stellen sie generell einen Wert dar, weil sie tatsächlich in Gebrauch sind. So kann es sein, dass Werte in kleinen Handwerksbetrieben schnell fünf- und sechsstellige Werte haben, obwohl sie buchhalterisch bereits abgeschrieben sind. Haben die Maschinen heute noch immer einen Wert von 100.000 €, kann man diese mit Nachweis der Werte durch Marktspiegelung oder durch Gutachten wieder in die Bilanz nehmen und eine bilanzielle Überschuldung mindern oder aufheben.◄

Bei vorstehendem Beispiel ist nur darauf zu achten, dass die Hebung der stillen Reserven auch zu Steuerbelastungen führen kann, was im Zuge der Bilanzerstellung und Steuererklärung wiederum bei einem späteren Verkauf zu höherer Steuerbelastung führen kann. Stille Reserven können auch für immaterielle Vermögensgegenstände gehoben werden wie für Markenrechte, Websites oder Kundenstamm usw.

Die Hebung von stillen Reserven ist also vorrangig ein Mittel zur Verbesserung der formalen Bonität und zur Schaffung der Grundlage für frische Finanzmittel.

5.2   Sale and lease back

Einmal die formalen Voraussetzungen geschaffen, ist es immer eine Überlegung wert, ob nicht Gegenstände in einer Gesellschaft für das sogenannte Sale- and lease-back-Verfahren geeignet sein könnten. Es gibt inzwischen sogar Gesellschaften, die prozentuale Anteile der eigenen Immobilie mit diesem Verfahren erwerben. Hier kann der Eigentümer einer Immobilie auf Basis eines Gutachterwertes beispielsweise 15 % seiner Liegenschaft veräußern, erhält den Anteil des Wertes und zahlt dann in Raten zurück. So wird benötigte Liquidität geschaffen. Der oder die Anbieter solcher Modelle verdienen ihrerseits an relativ hohen Zinsen. In Deutschland sind gut 74 Leasinggesellschaften aktiv (https://www.wer-zu-wem.de/dienstleister/leasing.html), die wiederum oft zu Banken und Versicherungen gehören aber auch große, die von Familien gegründet wurden, um in Zeiten der Zugangserschwerung zu klassischen Finanzierungen eine Alternative

anbieten zu können. Alle großen Automobilhersteller besitzen eine Leasingtoch-
ter. Im Unterschied zu Finanzierungen von Fahrzeugen oder Maschinen usw.
kauft der Leasingnehmer die Gegenstände nicht, sondern mietet sie. Miete bedeutet, dass die laufenden monatlichen Kosten gegen Einnahmen gebucht werden
und damit gegen Gewinne der Tätigkeit gerechnet werden können. Finanziert
der Unternehmer dagegen ein Fahrzeug oder eine Maschine, wandert das Gut in
das Anlagevermögen. Die Anschaffungskosten sind nur in bestimmten Zeitraum
von 2–12 Jahren abschreibbar. Mit Kauf oder Ratenkauf verliert das Unternehmen die Liquidität, kann aber außer den Zinskosten bei Finanzierungen die
Zahlungsraten nicht gegen zu leistende Steuern (Gewerbe- Körperschafts- oder
Einkommenssteuern) rechnen.

Damit hat Leasing zwei Vorteile: erstens ist die Gesamtrate sofort gegen
laufende Steuern zu rechnen und zweitens muss die Anlage erst nach Ablauf
einer Leasingzeit von in der Regel zwei bis sechs Jahren tatsächlich ins Anlagevermögen überführt oder zurückgegeben werden. Klassisch bedeutet dies bei
Fahrzeugen ein Vorteil, ein drei Jahre altes Auto nach Ablauf der Garantien
und Kulanzen der Fahrzeughersteller wieder zurückzugeben und teure Repara-
turen sowie den laufenden Wertverlust nicht selbst tragen zu müssen, wenn das
Fahrzeug älter wird. Bei Fahrzeugen sind außerdem immer die Listenpreise des
Herstellers bei der sogenannten 1 %-Regel anzuwenden und nicht die tatsächlich
verhandelte Kondition. Das ist aber ein anderes Thema.

Immerhin noch ein Viertel der Leasinggeschäfte passiert außerhalb des Ver-
bundes mit Fahrzeug- und Maschinenherstellern [1]. In der Corona-Krise ist der
Umsatz – sicherlich auch aufgrund anderer, billiger Finanzierungsmöglichkeiten – zwar in Deutschland von 79 Mrd. € auf 69 Mrd. € eingesackt [2]. Mit
nun gestiegenen Zinsen wird der Bedarf an Leasing-Alternativen wieder steigen
und auch der Wille jener Leasinggesellschaften, Umsatz zu generieren. Die Prüfung, ob ein Unternehmen Leasing erhält oder nicht, ist zudem vereinfacht. In der
Regel schauen sich Leasinggesellschaften über einfache Kreditauskünfte lediglich
an, ob Insolvenzen vorliegen und ob das Unternehmen länger als drei Jahre existiert. Der Zugang zu einer solchen Finanzierung ist folglich vereinfacht, zumal
die Wertgegenstände als Sicherheit im Zugriff des Leasinggebers vorhanden bleiben. Natürlich erfolgt auch hier eine Abnutzung der Gegenstände – aber das
ist einkalkuliert. Nun, an dieser Stelle wird es spannend: hat das Unternehmen
beispielsweise durch die Hebung stiller Reserven Wertgegenstände (Maschinen,
Büroeinrichtung, IT usw.), die neu bewertet sind und frei von Belastungen wie
Eigentumsvorbehalte sind?

Beispiel 1

Ein Metallbauer benötigt Liquidität. Er besteht seit 25 Jahren und hat sich vor vier Jahren 350.000 € teure Fräs- Dreh- Biege- und Gewindeschneidemaschinen gekauft, die sich nach 6–10 Jahren abschreiben [3]. Der Metallbauer benötigt 120.000 € Liquidität. Was er nun machen könnte, ist, mit Leasinggesellschaften zu sprechen; Er könnte Gutachten über den Zustand der Maschinen vorlegen und diese 120.000 € ausgezahlt bekommen. Dafür überträgt er die Maschinen wiederum und muss je nach Leasingdauer entsprechende Leasinggebühren ausgleichen und am Ende wiederum erwerben, um sie wieder ins Anlagevermögen zu übertragen. Die Zinsbelastung erhöht zwar die Kosten; andererseits hat das Unternehmen so wieder freie Geldmittel zur Verfügung.◄

Beispiel 2

Der Hersteller und Produktentwickler von Lastenfahrrädern als Start-Up braucht ebenfalls Liquidität. Er hat in den letzten 12 Monaten 10 Lastenräder entwickelt und gebaut, die wiederum nicht verkaufsfähig sind, weil er sie zur Entwicklung und für Probefahrten benötigt. Diese könnte er ebenfalls bewerten z. B. nach den aktuellen Verkaufspreisen und verleasen. So erhält er gut 100.000 € frische Liquidität und zahlt entsprechend die Leasinggebühren für ursprünglich seine eigenen Fahrzeuge, die bereits hergestellt sind.◄

Die vorstehenden Lösungsansetze sind immer Gradwanderungen. Zum einen müssen die Gegenstände wirkliche Werte haben und zum anderen ist jeder Fall auch steuerlich-rechtlich zu betrachten und die Gegenstände dürfen nicht belastet und bereits angesetzt sein (z. B. durch Fördermittel). Außerdem müssen die Leasingkosten gezahlt werden können. Aber diese Variante ist ein intelligentes Mittel, an Geld zu kommen, an das man sonst nicht bekommen würde.

5.3 Anleihen, Schuldscheine und Beteiligungen

Sehr einfach und in manchen Branchen sehr beliebt sind Beteiligungsausgaben, ohne die Geldgeber sichtbar im Handelsregister oder in einer Bilanz eintragen zu müssen.

Wichtig zu wissen ist zunächst, dass es das Kreditwesengesetz gibt. Wesentlich zu beachten hierbei ist, dass jede gewerbsmäßige Bereitstellung von Anlagemöglichkeiten und Formen unter dieses Gesetz fällt, um den Schutz von Anlegern zu gewährleisten bzw. zu verbessern und außerdem Kredit- und Beteiligungsvergaben so zu regulieren, dass Professionalität gewährleistet ist. Die Bafin überwacht diese Tätigkeiten. Hierzu gibt es auch weitreichende Merkblätter [4]. Außerdem gibt es das Kleinanlegerschutzgesetz, das u. a. die Einwerbung von Geldern reguliert [5].

Die nachfolgenden Möglichkeiten werden deshalb für den Einzelfall der Unternehmensfinanzierung erläutert und dienen nicht der Anregung zur Schaffung eines eigenen Kreditvergabeportals. Es handelt sich also um einen Graubereich der Regulierung, bei dem viele unterschiedliche Rechtsgebiete aufeinandertreffen. Das Wesentliche, um Geld von Dritten für ein fremdes Geschäft außerhalb jeglicher Einflussnahmemöglichkeit des Kreditgebers einzuwerben und anzunehmen ist, jeden Geldgebenden ordentlich über die Risiken aufzuklären. Es gibt nie ein Geschäft ohne Risiko. Je weiter der oder die Geldgeber vom Geschäft und kaufmännischen Grundprinzipien und von Erfahrung sind, desto intensiver müssen die Risiken erklärt werden. Gleichzeitig steigt die Gefahr für den Kreditnehmer, dass es kein Geld gibt. Angst ist der natürliche Feind von Unternehmertum und Gier der natürliche Feind von Geldgebern.

Es ist also möglich, für seine oder ihre Unternehmung mit einfachem Darlehensvertrag und ggf. Beteiligungsversprechen an Geld zu kommen. Viele Menschen suchen trotz derzeit steigender Ertragszinsen für Sparkonten Möglichkeiten, Geld anzulegen, ohne selbst unternehmerisch tätig zu sein. Es gibt zahlreiche Gestaltungsvarianten hierfür.

5.3.1 Das partiarische Darlehen

Typischerweise und in geringeren Größenordnungen arbeiten Unternehmer gern mit partiarischen Darlehen. Der wesentliche Unterschied zu einer Beteiligung bzw. einer stillen Beteiligung beispielsweise ist, dass es keine Nachschusspflichten bei Schieflagen geben kann. Ein partiarisches Darlehen ist letztlich nichts anderes als ein Darlehensvertrag mit Gewinnbeteiligung. Es gibt hierfür keine Formvorschriften. Es wird üblicherweise ein schriftlicher Darlehensvertrag geschlossen, der es ermöglicht, einfließendes Geld wie Eigenmittel zu behandeln.

Beispiel

Ein Immobilien-Projektentwickler benötigt Eigenkapital, um die Hauptfinan-
zierung abzusichern. Eigenkapital hat er keines. Er will zwei Dachgeschosse
ausbauen, die insgesamt 250 qm groß sind und Erstellungskosten von rund
1,5 Mio. € kosten. Die Dachrohlinge kosten dabei 500.000 €. Nun verlangt
eine Bank, dass er Grundstück zur Hälfte und die voraussichtlichen Planungs-
kosten bis zur Baugenehmigung selbst trägt. Er benötigt also etwa 350.000 €
Eigenkapital, um das Projekt zu vorzufinanzieren. Verkauft sind die beiden
Dachwohnungen nicht.◄

Gerade junge Menschen trotz Netzwerkzugang und Erfahrung sowie Berufsanfängern fehlt in der Regel das nötige Geld hierzu. Eine gute Variante wäre also, wenn
ein fremder Dritter ein Darlehen gibt. 350.000 € bei einer Bank bringen heute
etwa 1 % Zinsen p.a. ein (3500 €) die dann mit 25 % Kapitalertragssteuer plus
Solidaritätsbeitrag zu versteuern sind. Ein Darlehensgeber könnte nun 350.000 €
(allerdings ohne grundbuchliche Absicherung auf Rang 1, den die Bank belegen
wird) ein Darlehen für eine Laufzeit zwischen 1–4 Jahren (bis Baugenehmigung
oder Verkauf oder Fertigstellung) und hierfür 8 % Zinsen plus 10 % Beteiligung
am Gewinn vereinbaren. Im vorstehenden Beispiel kann es zu einer Win–Win -
Situation kommen. Dies setzt allerdings voraus, dass die Wohnungen für mehr als
7000 €/qm verkauft werden. Das würde dann dazu führen, dass das partiarische
Darlehen bei 250.000 € Projektüberschuss nach 4 Jahren zu 112.000 € Zinsertrag (in der Projektkalkulation enthalten) plus 25.000 € Beteiligung erhalten
würde. Macht zusammen 137.000 €.

So viel Geld bekommt ein Investor für eine Anlage bei einer Bank in der
Regel nicht. Was Darlehensgeber allerdings beachten müssen, ist, dass hier wohl
auch die begünstigte Kapitalertragsbesteuerung nicht greifen wird, sondern ganz
normal nach Einkommensteuergesetz zu versteuern ist. Knapp die Hälfte des
Erlöses gehen also an Steuerlast weg. Umgekehrt gibt es auch Risiken, nämlich
dann, wenn die Wohnungen zu den Preisen nicht verkauft werden können, weil
die absoluten Preise nicht finanzierbar, nicht in der Lage finanzierbar oder weil
die Planung schlecht war oder weil es Baumängel gibt usw. Auch und gerade
Immobilienprojekte enthalten zahlreiche Risiken, weshalb oft und gern ein hohes
Zinsversprechen gegeben wird.

5.3.2 Convertible Loan Agreement (CLA)

Beispiel

Ein Start-Up benötigt Geld, um in den kommenden Monaten zu überleben. Es gibt also Convertible Loans an fremde Dritte aus. Eine Softwareweiterentwicklung soll solche Darlehen für 50.000 € Mindestgröße für bis zu fünf Investoren ausgeben und mit 5 % verzinst werden.◄

CLA ist der Fachbegriff solcher Darlehen (convertible loan agreement). Sie sind natürlicherweise hoch riskant, weil Start-Ups in den frühen Stadien nur eine Idee haben. Es gibt zu solchen Zeitpunkten oft noch kein proof of concept oder gar Kunden, die für das Produkt oder Software bereits bezahlen. Zinsen können Start-Ups ebenfalls nicht aus laufenden Einnahmen zahlen. Was dann meist gegeben wird, sind Anteilsversprechen an die Darlehensgeber. Hier wird dann wiederum das Start-Up bewertet. Man schätzt den Wert des Unternehmens branchentypisch pauschal auf 4 oder 7 Mio. € in drei Jahren und rechnet dann zurück auf das Unternehmensalter – beispielsweise auf ein Jahr. Sammelt das Jung-Unternehmen hier 250.000 € mit CLAs ein, dann bekommen die Darlehensgeber das Versprechen, 6,25 % der Anteile zu übertragen zu bekommen; und zwar meist mit einem so genannten Discount gegenüber der dann folgenden Bewertung eines künftigen Investors im Rahmen einer Kapitalerhöhung.

Das heißt, dass bei der nächsten Kapitalerhöhung der Gesellschaft der Anspruch des Darlehensgebers besteht, zu den Konditionen eines neuen Investors im Rahmen der Kapitalerhöhung Anteile zu erhalten zumeist mit verbesserten Konditionen wie beispielsweise diesem Discount von 20 %. Das sind typische Darlehens- und Beteiligungsformen aus den angelsächsischen Übungen. Da amerikanische und britische Anleger deutlich risikofreudiger sind als in Deutschland, ist der Zugang zu Kapital auch viel einfacher und in höheren Größenordnungen möglich [6]. CLAs sind hierzulande allerdings formrechtlich umstritten. Anteilsversprechen an Kapitalgesellschaften müssen beurkundet werden. Es reicht formal kein einfacher schriftlicher Vertrag aus. In einem Vertrag folglich ein Versprechen über Anteile einer GmbH in der Zukunft abzugeben, führt schnell zur Unwirksamkeit des gesamten Vertrages. Dennoch: bis heute ein völlig normaler Prozess bei Finanzierungen von Start-Ups.

5.3.3 Crowdfunding und Crowdinvesting

Im Unterschied zu Crowdfunding, bei dem Unternehmen über Plattformen einen Mittelaufruf vornehmen, um für ein Vorhaben zu Geld zu kommen und dieses nicht zurückführen zu müssen (das Crowdfunding-Portal erhält in der Regel eine Provision, die Geldgeber ein Vorzugsprodukt), ist Crowdinvesting eine neue Möglichkeit für Anleger, in bestimmte Vorhaben, Unternehmen oder Branchen mit kleineren Geldbeträgen zu investieren und so stille Beteiligungen, Darlehen oder Genussrechte zu erhalten. In den letzten Jahren sind solche Anlegermöglichkeiten sehr beliebt geworden und insbesondere haben sich so Impact-Vorhaben aus Umwelt- oder Sozialprojekten als sehr erfolgreiche Alternativen für Finanzierungen etabliert.

Beispiel

Ein Berliner Produzent für Getränke benötigte 200.000 € für Produktionsmaschinen und Betriebsausstattung. Er meldete sich deshalb bei einer Funding-Plattform an. Es gelang ihm, für 9 % Zinsen plus Umsatzbeteiligung entsprechende Kleinanleger über die Plattform zu gewinnen. Die Kredite waren jährlich kündbar.◄

Hier muss das Unternehmen folgende Dinge wissen: erstens sind solche Finanzierungskosten relativ hoch. Die frischen Geldmittel sind also grundsätzlich teuer. Zweitens müssen die Geschäftszahlen über die Plattform, mit der ein Vertrag geschlossen wird, immer offengelegt werden und drittens sind Bilanzen aufgrund der Anlegerschutzvorschriften stets bis 30,06. des Folgejahres aufzustellen und zu veröffentlichen. Der Unternehmer zahlt also auch Umsatzbeteiligungen entsprechend früher. Geld über solche Plattformen sind außerdem nicht einfach so zu bekommen. Denn auch die Plattformen müssen eine gewisse Kreditprüfung vornehmen, um das Risiko für Anleger zu mindern. Plattformen gibt es einige wie Invesdor. Diese ermöglichen Kleinanlegern Investitionen in echte Unternehmen ab 250 € Anlagehöhe und sind so umgekehrt in der Lage, hunderttausende bis Millionen Euro einzusammeln.

Gleichwohl werden die Kreditvorhaben veröffentlicht. Es ist also öffentlich sichtbar, wieviel Geld ein Unternehmen bekommen hat und welchen Zinssatz es dafür bezahlt. Ob das die Kreditwürdigkeit gegenüber Banken und/oder Vertragspartnern verbessert, mag dahingestellt sein. Konkret bewarb beispielsweise ein Hamburger Hafenschiff „Mississippi Queen" eine Million Euro für die Sanierung des Schiffes zu Gunsten eines Mieters aus der Berliner Veranstaltungsszene

(Quatsch Comedy Club). Warum bekommt das Unternehmen bei einem bekannten und starken Nutzer kein (günstiges) Geld von einer traditionellen Bank? Crowdfunding könnte also einen gegenteiligen Effekt auf die Kreditwürdigkeit haben.

Schwarminvestitionen haben auch Vorteile. Wenn solche beispielsweise in Immobilienprojekte zugelassen sind, können komplizierte Bankengespräche vermieden werden. Auch die Kontrolle des operativen Geschäfts erfolgt lediglich durch Regulierungsregeln, nicht aber durch eine teilweise strengere Entscheidungsbeobachtung. Der Zugang zu Geldgebern erfolgt außerdem international. So kommen Investoren nicht allein aus Deutschland, sondern können eben aus anderen Regionen der Welt heraus investieren. So werden Geldgeber erreicht, die mit Projektvorhaben grundsätzlich anders umgehen oder solche bereits kennen.

5.3.4 Initial Public Offerings (IPOs) und Vorverkauf

Sehr beliebt sind Finanzierungen durch Vorverkauf. Klassischerweise aus den 80ern und 90er Jahren aus der Filmproduktion entstanden, mussten sich Kunstschaffende überlegen, wie sie die Produktionskosten für ihre Filme tragen bzw. vorfinanzieren können, ohne von einer großen Produktionsfirma abhängig und inhaltlich kontrolliert zu sein. Dies erreichten die sogenannten Independent-Filmemacher seinerzeit dadurch, dass sie die Filmvorführrechte vorab an die entsprechenden Kino-Distributoren in den einzelnen Ausstrahlungsregionen exklusiv verkauften und so Geld vor Beginn der Dreharbeiten einsammelten, das die Produktion der Filme überhaupt erst ermöglichte. Das Risiko eines Flops bestand damit zwar noch immer – allerdings war das Risiko eines Misserfolgs auf mehrere Schultern verteilt.

Theater und Veranstalter versuchen es heute erneut, ihre Produktionen durch Vorverkauf zu finanzieren. Inzwischen gibt es internationale Ticketvermarkter wie EVENTIM oder Ticketmaster, die zwar Vorverkauf über ihre Portale und Netzwerke erlauben aber die eingenommenen Gelder aus den Vorverkäufen solange einbehalten, bis die jeweilige Veranstaltung tatsächlich stattgefunden hat. Verständlich natürlich, weil sie für die Ticket-Vertragserfüllung mithaften. Allerdings werden so Finanzierungsmöglichkeiten auch unbekannter und neuer Kreativ-Produktionen unterbunden.

Im Gegenzug dazu haben sich andere Möglichkeiten aufgetan. Mit sogenannten Initial Public Offerings (IPOs) versuchen Unternehmen Zugang zu öffentlichen Märkten zu erhalten und sozusagen Aktien an ihren Unternehmen zu verkaufen. Andere Möglichkeiten sind direkte Notierungen, Reverse Takeover und Niederländische Auktionen. An dieser Stelle etwas zu speziell und zu weitgehend die vorstehend aufgezählten Möglichkeiten zu erläutern, die ohnehin nur für skalierbare Dienstleistungen und Vorhaben funktionieren.

Beispiel

Ein Start-Up baut eine Software, mit der Nutzer Live-Konzerte und Festivals virtuell besuchen können. Um die Software entwickeln zu können und mit Veranstaltern Exklusiv-Verträge schließen zu können, benötigt es 2 Mio. €. Also verkauft das Start-Up über eigens entwickelten Token (eigens geschaffener Jeton, Wertmarke und Spielgeld) Anteile und Vorzugstickets und VIP-Zugänge im Netz und sammelt Geld für Projekt und künftige Tickets ein.◄

Das vorstehende Beispiel ist die moderne Form des Vorverkaufs. Genauso gut bieten Stromanbieter für Jahresvorabgebühren Strom an, den sie noch nicht ausgeliefert haben. Auch Versicherungen bieten Jahresgebühren an. Gleiches gilt für Fitness-Studio-Beiträge oder viele andere, die heute Gebühren einnehmen für Leistungen, die erst in der Zukunft erbracht werden oder nie, wenn Menschen mit schlechtem Gewissen noch im Januar ins Sport-Studio gehen es aber im März bereits vergessen haben, dass sie Beiträge ohne Gegenleistung bezahlen, die den Studio-Betreibern zusätzlich Überbuchungen erlauben.

Die Vorauszahlung für Leistungen in der Zukunft birgt für beide Parteien zahlreiche Risiken. Deshalb wird auch bei dieser Form der Finanzierung einerseits die Leistbarkeit des späteren Produkts in Balance mit einem Rabatt stehen, der die Vorauszahlung bringt inkl. des Risikos des Totalverlustes. Wie bei allen Investitionen gilt, dass diese nicht voll finanziert sein sollten und auch nicht das gesamte eigene Vermögen umfassen sollten.

Ein anderes Beispiel waren oder sind Groupon-Tickets. Das 2008 gegründete Unternehmen hatte die Idee, Leistungen mit hohen Rabatten zu versehen und an eine riesige Schar von Kunden zu verkaufen. So verkaufte Groupon beispielsweise Restaurant-Brunch-Tickets mit bis zu 50 % Rabatt. Der Vorteil dabei ist, dass viele aufgrund des Rabatts Tickets erwerben, die zeitlich, örtlich oder hinsichtlich des Events begrenzt sind und bei denen die sogenannte No-show-Rate erheblich ist, weil die Käufer Billigangebote auch einmal verfallen lassen. Es gibt bekannte Beispiele von Brunch-Tickets, bei denen die Brunch-Veranstalter nur 2,50 € für tatsächlich eingelöste Tickets erhielten, die die Ticket-Käufer für 5 € erwarben und eigentlich einen Wert von 12 € hatten. Kommen die Leute dann nicht zum Brunch, verdient nur Groupon. Kommen dann doch 500 Personen, ist es ein Problem mit offensichtlicher Unterdeckung und zusätzlich negativem Marketing, wenn die Kernleistung nicht mehr zufriedenstellend erbracht werden kann.

5.4   Subventionen

Die Bundesrepublik vergibt jährlich mindestens 47 Mrd. € an direkten Subventionsgeldern [7]. Politisch gesehen ist dies sehr umstritten. Subventionen sind grundsätzlich unnatürlich, verzerren den Wettbewerb und sind relativ starr, d. h. es werden Subventionen auf Basis vergangener Annahmen des Staates vergeben oder zum Schutz unterschiedlicher Wirtschaftszweige, die unter politischem Schutz stehen. Es gibt also viele gute Gründe, Gegner von Subventionen zu sein, zumal diese nicht vollständig transparent gegenüber den Steuerzahlern bekannt gegeben werden und keine Art sachgemäßer Erfolgsmessung erfolgt. Inzwischen sind ganze Industrien entstanden und provisionierte Berater, die die gut 2500 Förderprogramme durchstöbern und bei der Antragstellung gegen Provisionen behilflich sein können. Andere Gruppen schätzen die Höhe der auch mittelbar geleisteten Subventionen in Deutschland auf über 200 Mrd. €, was gut 20 % des gesamten Steueraufkommens ausmacht. Wir bewegen uns so in Richtung staatsgelenkter und staatsabhängiger Wirtschaftszweige, was eher an Zeiten der DDR erinnert als an das Überleben des Stärkeren der reinen Marktwirtschaft. Es gibt außerdem Fälle, in denen beispielsweise plötzlich der Kauf von Lastenfahrrädern oder Elektroautos mit mehreren tausend Euro gefördert werden. Solche Fördermittel werden dann wiederum von den Herstellern gleich mitverkauft und führen unweigerlich zu höheren Preisen.

Gleichwohl dieser Kritik ist es sinnvoll, zukunftsorientierte Technologien zu fördern, um alte zu überwinden (Sonne statt Kohle beispielsweise). Wissenschaftlicher Fortschritt wäre ohne Hilfe aus der Gemeinschaft der Steuerzahler gar nicht möglich. Außerdem ist Deutschland im globalen Handel immer wieder Sanktionen für ihre exportierten Produkte und Dienstleistungen ausgesetzt und es ist sinnvoll, gerade Gründungen von Unternehmen zu fördern. Es bleibt ein strategisch und inhaltlich komplexes Thema, bei dem sich jedes Unternehmen ansehen muss, ob Förder- und Zuschussprogramme auch etwas für das eigene Unternehmen sein können.

In der Bundesrepublik übernehmen unterschiedliche Institutionen die Verteilung der Subventionen. Zum Teil sind diese bundespolitisch gewollt und werden durch die KfW ausgegeben. Teilweise sind Förder- und Zuschussmittel über die Bundesministerien verteilt, oft über Fachverbände wie dem VDI und auch die Hausbanken kennen einige Fördermittel, die die Kreditvergabe durch die jeweiligen Banken unterstützen sollen.

Die größten Fördermittelgeber sind regionale Landesbanken. In Berlin ist dies die IBB (Investitionsbank Berlin). Die IBB gehört dem Land Berlin und gibt durch Werbemaßnahmen immer wieder Förderprogramme bekannt, um förderwillige Unternehmer auch zu erreichen. Zu unterscheiden ist hierbei zwischen Zuschussmitteln, Bürgschaften, Beteiligungen und Darlehen. Zuschüsse sind nicht rückzahlbar, Darlehen wiederum schon. Am einfachsten zu erhalten sind Zuschüsse für Existenzgründer. Diese bekommen dann etwa 50 % ihrer nachgewiesenen Investitionen erstattet. Da macht es natürlich Sinn, hier einmal nachzusehen, wofür Geldmittel fließen können. Ein Auszug hierfür sind Coachingleistungen in der Vorgründungsphase, Gründungsbonus bis 50.000 €, Gründerzuschuss oder Meistergründungsprämien. Es gibt auch Digitalisierungsprämien oder Zuschüsse für Mitarbeiter, wenn die Unternehmensidee innovativ ist. In den Oberbegriffen werden also Existenzgründungen, Investitionen und Betriebsmittel, Technologie und Forschung, Arbeitspolitische Fördermittel sowie Beratungen und Weiterbildungen gefördert. Im Kern sind diese Programme auf Gesamtsummen begrenzt und sollen kleinen und mittelständischen Unternehmen (so genannten KMUs) zur Verfügung stehen. Was bedeutet das für die Frage der Unternehmensfinanzierung:

An erster Stelle ist zu wissen, dass auch Förder- und Zuschussmittel nicht auf Antrag verschenkt werden. Der Antragsteller muss ebenso einen Finanzplan haben, eine Unternehmens- und Vorhabensbeschreibung und überhaupt ein förderfähiges Geschäftsmodell. Dazu perspektivisch müssen Gewinne erzielt werden, die wiederum zur Zahlung von Gewerbesteuer führen, die diese Programme ernähren.

Es ist leicht, beispielsweise einen Gründerbonus mit 50.000 € als nicht rückzahlbaren Zuschuss zu beantragen. Das Geld steht aber nicht gleich zur Verfügung, sondern erst, nachdem die eigenen Investitionen getätigt sind. Außerdem behalten sich die Fördermittelgeber vor, die Auszahlung auf drei Jahre zu verteilen, damit sichergestellt ist, dass die Unternehmen ihre Gründung überleben. Keine Finanzierung des Anschubs sollte deshalb auf den öffentlichen Zuschuss abstellen. Jeder Antrag auf Zuschuss dauert Zeit. Es ist nicht selten, dass die Antragsbearbeitung bis zu einem Jahr dauert.

Beliebt sind Zuschüsse wie der Investitionszuschuss oder GRW-Mittel. Bei diesen Zuschüssen werden Neuanschaffungen insbesondere in Produktionen mit bis zu 35 % gefördert. Kauft also beispielsweise eine Produktion eine neue Maschine und ist sichergestellt, dass hier beispielsweise Energie gespart wird (Innovation) oder es sich nicht um eine Ersatzbeschaffung handelt (GRW) und die Gegenstände nicht durch Leasing gemietet, sondern in das eigene Anlagevermögen gehen, stehen die Chancen sehr gut. Bei den vorgenannten Fördermitteln gibt es auch keine niedrige Grenze, sondern auch Millionen – Investitionen werden gefördert. Deshalb ist es interessant, auch hier zu prüfen, welche Mittel für die Finanzierung eines Unternehmenskaufes künftig möglich sind, wenn Investitionen anstehen. Auch bei diesen Anträgen dauert die Bewilligung bisweilen viele Monate. Außerdem werden heute noch Förderungen daran geknüpft, mehr Mitarbeiter einzustellen als bei Antragstellung. Dies, obwohl das Ziel von Innovation bisweilen gerade auf den Abbau von Arbeitsplätzen abzielt oder auf Ersatz von Technologie, weil Fachkräftemangel besteht.

Zuschüsse dienen folglich eher als „nice to have" denn als zuverlässiges Finanzierungsvehikel. Dies mag bei anderen Formen der Förderung wie die Beteiligung einer Landesbank anders sein. Oft erhalten beispielsweise Start-Ups mit Impact-Technologien wie Lastenfahrräder keine Gelder auf normalem Wege, weil sie hoch risikobehaftet sind und keine Überschüsse erzielen. Dann bieten IBB und ihre Beteiligungen an der Gesellschaft an oder doppeln Eigenkapital von Investoren (wie auch das Bundeswirtschaftsministerium). Investiert also ein fremder Investor in ein solches Unternehmen beispielsweise 100.000 €, zahlt das Bundeswirtschaftsministerium nicht selten dieselbe Summe nochmals als Zuschuss ein. Oder eine IBB beteiligt sich mit 500.000 € an einem Start-Up, wenn ein weiterer Investor zur gleichen Zeit einsteigt und ebenso investiert. Dann gibt man allerdings Anteile am Unternehmen ab und hier endet oft der Spaß.

Denn eine Landesbank ist reguliert und will dauernd die Geschäftszahlen prüfen, was so weit geht, dass diese testiert sein müssen und von externen Unternehmensberatern begleitet wird. Dabei werden bis hin zu Kontoauszugsnachweisen auch die Arbeitseinsatzzeit von Mitarbeitenden mitsamt der einzelnen und abzuzeichnenden Stundennachweise der Mitarbeitenden abverlangt und überprüft. Nicht selten umfassen solche regelmäßig stattfindenden Prüfungen die Hinterfragung unternehmerischer Entscheidungen. Es geht für den Unternehmer nicht darum, Transparenz zu verweigern. Vielmehr kostet es doppelt Zeit, Subventionsmittel der Kontrolle einer Landesbank zu unterstellen und die Beauftragung eines externen Prüfers kostet vor allem Geld. So verbrauchen sich in Förderprogrammen wie der ProFit beispielsweise, bei denen das Unternehmen 750.000 € Darlehen üblich bis höher verzinst erhält (für die der Unternehmer oft persönlich bürgen muss) von dem bewilligten Zuschussanteil von bis zu 20 % sehr schnell die unternehmerischen und finanziellen Ressourcen des erhaltenen Zuschusses vollständig. Da stellt sich die Frage, ob der Antragsaufwand mit einer Erfolgsaussicht von weniger als 15 %, die Wartezeit von einem Jahr mit anschließender intensiver Beschäftigung eigener und fremder Verwaltung wirklich den Aufwand lohnt.

Literatur

1. Bundesverband Deutscher Leasing-Unternehmen (2022) Anteile der Vertriebswege am Mobilien-Leasing in Deutschland im Jahr 2021. Bundesverband Deutscher Leasingunternehmen, Berlin. https://de.statista.com/statistik/daten/studie/12175/umfrage/anteil-der-vertriebswege-im-mobilien-leasing-in-deutschland/, zugegriffen am 18.05.2023
2. Bundesverband Deutscher Leasing-Unternehmen (2022) Entwicklung der Leasing-Investitionen in Deutschland von 2006 bis 2021. Bundesverband Deutscher Leasingunternehmen, Berlin. https://de.statista.com/statistik/daten/studie/151838/umf rage/leasing-investitionen-in-deutschland-seit-2002/, zugegriffen am 18.05.2023
3. Bundesministerium der Finanzen (2001) AfA-Tabelle für den Wirtschaftszweig "Maschinenbau". Bundesministerium der Finanzen, Berlin. https://www.bundesfinanzminist erium.de/Content/DE/Standardartikel/Themen/Steuern/Weitere_Steuerthemen/Betriebsp ruefung/AfA-Tabellen/AfA-Tabelle_Maschinenbau.html, zugegriffen am 18.05.2023
4. Bundesanstalt für Finanzdienstleistungsaufsicht (2022) Hinweise zu Finanzinstrumenten nach § 1 Abs. 11 Sätze 1 bis 5 KWG (Aktien, Vermögensanlagen, Schuldtitel, sonstige Rechte, Anteile an Investmentvermögen, Geldmarktinstrumente, Devisen, Rechnungseinheiten, Emissionszertifikate, Kryptowerte und Schwarmfinanzierungsinstrumente). Bundesanstalt für Finanzdienstleistungsaufsicht, Frankfurt a.M. https://www.bafin.de/Shared Docs/Veroeffentlichungen/DE/Merkblatt/mb_111220_finanzinstrumente.html, zugegriffen am 18.05.2023
5. Bundesministerium der Finanzen (2015) Kleinanlegerschutzgesetz. Bundesministerium der Finanzen, Berlin. https://www.bundesfinanzministerium.de/Content/DE/Gesetz estexte/Gesetze_Gesetzesvorhaben/Abteilungen/Abteilung_VII/18_Legislaturperiode/ 2015-07-10-Kleinanlegerschutzgesetz/0-Gesetz.html, zugegriffen am 18.05.2023
6. Köhler P (2019) Deutschland liegt im EU-Vergleich in Sachen Start-up-Investitionen unter dem Durchschnitt. Handelsblatt GmbH & Co. KG, Düsseldorf. https://www. handelsblatt.com/unternehmen/mittelstand/familienunternehmer/venture-capital-deutsc hland-liegt-im-eu-vergleich-in-sachen-start-up-investitionen-unter-dem-durchschnitt/ 24515910.html, zugegriffen am 18.05.2023
7. Rudnicka J (2023) Statistiken zu Subventionen. Statista GmbH, Hamburg. https://de.sta tista.com/themen/858/subventionen/#topFacts, zugegriffen am 18.05.2023

Finanzierung von Start-Ups

6

> ## Übersicht
> „Dear Shareholders,
>
> I would like to bring you an update on the latest development of Start-Up in terms of its financial situation, after the most promising lead XY withdrew the intent to make an invest into START-Up. We will have to make decisions within the next 4 weeks on the continuation of the company.
>
> According to the current status and including outstanding and soon to be received receivables, we will have a good 250.000 € liquidity in February. This is offset by 185.000 € in liabilities. Cash Forecast as always available here: https://docs.google.com/spreadsheets/
>
> We have enough customers and potential to gain customers. However, as you know, we lack the necessary capital to purchase components in sufficient quantities to cover the running costs or to be able to sell them in the sales department.
>
> Therefore, we have been talking to different investors for many months. In the last 10 days, the following promising investors have refrained from investing:
>
> a) VC
> b) strategic
> c) VC international
>
> The reason for this is that they do not see market potential for our product category (yet).

© Der/die Autor(en), exklusiv lizenziert an Springer Fachmedien Wiesbaden Gmbh, ein Teil von Springer Nature 2023
Q. Graf Adelmann v. A., *Formen der (alternativen) Unternehmensfinanzierung,* essentials, https://doi.org/10.1007/978-3-658-42088-8_6

We are currently talking to further investors and a customer who can act as an investor (Client) and a competitor (Competitor). However, the chance that we will be able to raise capital in time is low due to the time pressure. In view of existing insolvency regulations, we currently have to assume that we could run into payment difficulties at the end of March as mentioned previously. In purely theoretical terms, we could still get till June with the liquidity we have and by reducing the number of individual employees. However, this could be critical under insolvency law.

Ultimately, we need between 500.000 € and 2 Mio. €, depending on the speed of growth and our ability to serve major customers. Unfortunately, it would be a shame if Start-Up had to ceased operations, as we have never been in such a good position and the market for cargo bikes is improving more and more.

I ask you to check on your ability to provide capital to the company again to be able to acquire our production parts and to gain time to find a new investor.

A decision should be made by the end of February. Happy to discuss options in also in person.

Best"

So oder so ähnlich ergeht es in Deutschland vor allem immer häufiger jungen Unternehmen. Obwohl die Anzahl der Insolvenzen in Deutschland seit 2017 um gut 30 % zurück gegangen ist, ist die Zahl der Insolvenzen bei jungen Unternehmen deutlich um gut 25 % seit 2021 gestiegen [1]. Start-Ups sind aus unterschiedlichen Gründen noch einmal besonders gefährdet. Aktuell gehen Analysten davon aus, dass bis Ende 2023 die Hälfte aller Start-Ups vom Markt verschwinden werden (https://www.handelsblatt.com/technik/it-internet/gruender-start-up-ausblick-fuer-2023-kaum-boersengaenge-fallende-firmenbewertungen-mehr-insolvenzen/28883760.html). Die Gründe hierfür sind vielseitig. Eine Idee zu einem Produkt zu formen kostet ebenso Zeit und Geld wie das Hinführen zu Umsätzen, die belegen, dass das Produkt auch Einnahmen generieren kann und beim Kunden überhaupt Bedarf besteht [2]. Außerdem beträgt die Fluktuationsrate bei Mitarbeitenden in Start-Ups 50 %. Nicht selten werden hier folglich sechsstellige oder gar siebenstellige Beträge monatlich verbrannt. An die Berechnung der Kapitaldienstfähigkeit wie eine traditionelle Bank sie vornimmt, ist deshalb gar nicht zu denken. Profitabel sind Start-Ups in der Regel nicht. Der Zugang zu Finanzierungen ist deshalb besonders erschwert.

Nicht Profitabilität, sondern Wachstum und Exit sind die Schlagworte bei Start-Ups. Wenn eine Idee also grundsätzlich in einem Markt relativ unbegrenzte Wachstumspotenziale hat, dann ist es in der Zukunft möglicherweise profitabel und bestenfalls in Märkten sogar beherrschend. Robert Geiss, ein in Deutschland bekannter Fernsehprominenter, ist mit dem Verkauf seiner Marke „Uncle Sam" reich geworden. Er und sein Bruder haben etwa 100 Mio. DM von einem Versandhändler erhalten. In einem Podcast aus 2022 hat er erklärt, weshalb bzw. wie er mit der Idee für den Versandhändler interessant geworden ist. Die Abgrenzung war hier sehr anschaulich am Beispiel einer Boutique, die er und seine Frau in Köln betrieben haben. Die Boutique hat Öffnungszeiten, ist flächenmäßig begrenzt und muss außerdem darauf achten, dass die Mitarbeiterinnen stets freundlich und organisiert sind.

Shops oder Werkstätten, Restaurants usw. sind räumlich begrenzt. Natürlich können Preise erhöht werden oder Einkaufskosten gesenkt werden. Auch könnten Filialen eröffnet werden, um größer zu werden. Letztlich bedeutet nur der Versandhandel Zugang zu einer großen Zahl an potenziellen Käufern. Außerdem müssen nur noch Waren produziert werden, die potenziell auch verkauft werden. Verkaufspersonal wird weniger benötigt usw. Heute gibt es zwar den Versandhandel über Kataloge nicht mehr, aber E-Commerce, also Handel online. Besonders interessant ist Software. Sie muss nur einmal geschrieben und laufend aktualisiert werden, kann aber x-fach verkauft und angewendet werden, solange die potenziellen Kunden vorhanden sind. Und dann wird es interessant: wenn eine Software beispielsweise 5 Mio. € Entwicklungskosten in 3 Jahren bedeutet hat und dann an 1 Mio. Kunden für 1000 € pro Kunden verkauft werden kann, die dann jährlich zusätzlich 200 € Lizenzgebühren entrichten, dann liegt das Einnahmepotenzial bei 1 Mrd. € und 200 Mio. € Gebühren. Die Investitionskosten sind dann sehr schnell getilgt.

Nicht selten werden Start-Ups für das 25fach der EBITDA oder das 10fache oder mehr des Umsatzes bezahlt (je nach Status und Branche des Unternehmens). Den Fantasien sind also fast keine Grenzen gesetzt. Unter diesem Aspekt werden Investoren eingeworben, die dann bei jeder Finanzierungsrunde 15–25 % der Anteile gegen Kapitalerhöhung zur Fortsetzung der Entwicklungsfinanzierung für 1–3 Jahre ausmachen. Zwar sinkt der Anteil der Gründer an der Gesellschaft mit jeder Finanzierungsrunde, doch steigt gleichzeitig der angenommene Wert des Unternehmens überproportional. Dennoch sind die Risiken des Totalverlusts gleichwohl höher, solange im Markt nicht belegt ist, dass Kunden für die Idee oder das Produkt bezahlen. Im eingangs formulierten Text ging es um ein Hardware Impact Start-Up mit einem Unternehmensalter von 5 Jahren, Umsätzen im

siebenstelligen Bereich. Dennoch ist eine neue Finanzierungsrunde nicht gelun-
gen und alle Investitionen der Vergangenheit schienen damit verloren. Am Ende
hat dann doch ein großer strategischer Investor übernommen.

In Deutschland allein gibt es etwa 110 Venture Capital Gesellschaften, die in
Start-Ups investieren. Weltweit sind allein 2021 über 40.000 Investitionen getätigt worden [3]. Es gibt auch zahlreiche andere Interessen, als „nur" Geld zu
verdienen. Manche Investoren suchen nach Innovationen, die in ihren eigenen
großen Konzernstrukturen nicht geschaffen werden. Wiederum andere wollen
die Welt besser machen und investieren in Umweltprojekte. Auch Bankhäuser
sind gegründet worden, um soziale und ökologische Vorhaben zu finanzieren, die
bisher keine Umsätze erzielen. Einige Investoren steigen nur am Anfang in Fir-
men ein, andere bei A- und B-Series, wenn die Unternehmen bereits 1 Mio. €
Umsatz und mehr erzielen. Wiederum andere investieren nur in Medizinprodukte,
Gesundheitssoftware oder nur in FinTech oder Hardware usw. Es gibt außerdem
zahlreiche Vermittlungsagenturen, die Provisionen erhalten, wenn sie Finanzierungen aufstellen bzw. frisches Kapital einwerben. Es gibt folglich sehr viele
Interessen und Finanzierer auch für Start-Ups.

Bemerkenswert sind dann noch Derivatsfinanzierungen. Die EU verlangt derzeit zur Verringerung von CO_2-Ausstoß Nachweise von Unternehmen. Unternehmen, die mehr verbrauchen, müssen auch entsprechend höhere Energiekostenum-
lagen entrichten. Unternehmen, die weniger verbrauchen, sparen entsprechende
Strafgebühren ein. Nehmen wir das Beispiel eines Automobilherstellers. Dessen Energiebilanz ist schlecht, weil produzierendes Gewerbe natürlich generell
hohe Energieverbräuche hat und die Produkte nach wie vor überwiegend mit
fossilen Brennstoffen hergestellt wird. Nun stelle man sich vor, dass dieser Automobilhersteller in eine Cargo-Bike-Produktion einsteigt. Ein Lastenrad wiederum
trägt dazu bei oder soll dazu beitragen, dass auf den Straßen weniger Energie
verbraucht wird und außerdem weniger Abgase in die Luft emittiert werden. Viel-
leicht sind auch car-sharing Anstrengungen nur zur Absenkung der Sondersteuern
begonnen worden. Es gibt inzwischen Zertifikate, die diese Einsparungen ebenso
berechnen, wie die Einsparung von Fahrtwegen bis hin zu sozialen Fragen bei
Beschäftigungsauswahl. Solche Zertifikate wiederum errechnen das „Gute" eines
Unternehmens. Nehmen wir also an, dass das Gute mit entsprechend relevanter
Stückzahl von Lastenrädern bzw. Stückzahl ersetzter klassischer Fahrzeuge auf
den Straßen die Abgaben aus CO2 u. a. senken. Dann ist es einfach, eine alternative Finanzierung auszurechen. Wenn ein ganzer Fonds dem Fahrzeughersteller
die Absenkung der Abgaben um 1 % ermöglicht und dies Kosteneinsparung von
10 Mio. € p. a. bedeuten: was spricht dann dagegen, 5 Mio. € in das Las-
tenradunternehmen mit dem Risiko des Totalverlusts zu investieren? Nichts. Die

kosteneinsparende Beichte sozusagen öffnet ganz neue Finanzindustrien. Ohne selbst zu produzieren und ohne Ziel eines Ertrages oder Exits können inzwischen Finanzierungsmodelle allein aufgrund eingesparter Kosten beim Investor erstellt werden.

Literatur

1. Dierig C, Kapalschinski C (2022) „Wenn es kracht, dann richtig" – Immer mehr junge Unternehmen im Überlebenskampf. WELT/Axel Springer SE, Berlin. https://www.welt.de/wirtschaft/article239631717/Firmenpleiten-Vor-allem-junge-Unternehmen-geraten-ins-Wanken.html, zugegriffen am 18.05.2023
2. Adelmann Q, Rassinger M (2021) Der unternehmerische Entscheidungsprozess. Springer Gabler Wiesbaden. https://doi.org/10.1007/978-3-658-33707-0, zugegriffen am 18.05.2023
3. PitchBook, NVCA, Statista (2022) Anzahl der weltweiten Venture Capital-Investitionen von 2004 bis 2021. Statista GmbH, Hamburg. https://de.statista.com/statistik/daten/studie/657582/umfrage/anzahl-der-weltweiten-venture-capital-investitionen/, zugegriffen am 18.05.2023

Überblick der Möglichkeiten 7

Die Geldmenge in der EU-Zone hat sich auf 16 Billionen € innerhalb der letzten zehn Jahre nahezu verdoppelt [1]. Die Frage ist also nicht, ob ein Unternehmer Geldmittel für das Unternehmen erhält, sondern nur woher genau und wie. Natürlich gibt es sehr viel staatliches Geld. In den letzten Jahren sind die Transparenzregeln einerseits verschärft worden und auch neue Regularien hinzugekommen. Im Kern jedoch will die EU Investitionen liberalisieren. Quoten, Monopole und Bedarfsprüfungen sind abgebaut worden, was insbesondere auch internationales Geld anzieht und den Marktzugang von ausländischen Investoren erleichtert. Deutschland gehört als nach wie vor wirtschaftlich stärkstes Land in der EU zu den attraktivsten, weil sichersten Standorten für Geldinvestitionen. Investitionsschutzabkommen (2009) stärken zudem die Rechtssicherheit für Investitionen aus dem Ausland in der EU.

Die Geldmittelverteilung jedoch ist komplexer geworden. Traditionelle Banken sind in 2021 um gut 10 % auf 1519 gesunken [2]. Dennoch sind neue alternative Investment-Firmen entstanden, die Finanzierungen ermöglichen. Der Unternehmer muss sie zum einen nur finden, vorbereitet sein und zwischen zwei und neun Monaten einplanen, bis Geldmittel tatsächlich fließen. Zwischen einfachen Schuldscheinen durch private Geldgeber und klassischen Finanzierungen müssen Beteiligungsformen auch stets strategisch durchdacht sein – für den Erfolgsfall und auch für den Fall des Scheiterns. Ebenfalls von Bedeutung sind die steuerrechtlichen Auswirkungen für Gesellschaft und Geldgeber.

Die Perspektiven gerade bei Beteiligungsformen sind Kapitalerhöhungen oder Verkaufserlöse des gesamten Unternehmens oder eines Teilprojektes. In diesem Rahmen wird das Interesse von Geldgebern geweckt. Setzen einige in einer Art Wette nur auf Wachstum und erhoffen sich dadurch Werterhöhungen des Unternehmens, gibt es auch Bankhäuser, die sich auf Impact-Investitionen stützen und

Q. Graf Adelmann v. A., *Formen der (alternativen) Unternehmensfinanzierung*, essentials, https://doi.org/10.1007/978-3-658-42088-8_7

trotz Risikos und nicht vorhandener Kapitaldienstfähigkeit bereit sind, Geldmittel bereitzustellen – also nur auf die Hoffnung der Kapitaldienstfähigkeit setzen. Was passiert, wenn das Unternehmen scheitert? Schauen wir uns die Verzinsung von Finanzierungen an, ist das Risikokapital immer teuer. Dies liegt vor allem daran, dass Experten davon ausgehen, dass nur 10 % aller Start-Ups überleben [3]. Das ist eine riesige Größenordnung. Wenn ein Start-Up erfolgreich ist, sind oft ein Vielfaches des eingesetzten Kapitals zurück. Deshalb setzen Venture Capital Gesellschaften auf viele Start-Ups.

Literatur

1. Europäische Zentralbank (2023) Entwicklung der Geldmenge M3 in der Eurozone von 1999 bis Dezember 2022. Statista GmbH, Hamburg. https://de.statista.com/statis tik/daten/studie/241829/umfrage/entwicklung-der-geldmenge-m3-in-der-euro-zone/, zugegriffen am 18.05.2023
2. Deutsche Bundesbank (2022) Deutlicher Rückgang der Zahl der Kreditinstitute - weiterhin erheblicher Filialabbau. Deutsche Bundesbank, Frankfurt a. M. https://www.bundesbank.de/de/presse/pressenotizen/bankstellenentwicklung-im-jahr-2021-893540, zugegriffen am 17.05.2023
3. Gründerpilot (2020) Wie viele Startups scheitern. Finrocks GmbH, Hamburg. https://www.gruenderpilot.com/wie-viele-startups-scheitern/, zugegriffen am 18.05.2023

Fazit 8

Immer weniger Unternehmer und Unternehmertum finden Existenzen in Europa. Umgekehrt wollen Anleger ihr Geld nicht einfach bei einer Bank belassen, wo es durch Inflation Wert verliert. Geld ist deshalb genügend vorhanden. Wie ein Unternehmender nun an dieses Geld kommt, um eine Existenz zu gründen, oder eine Idee zu verwirklichen, das ist die eigentliche Herausforderung. Die Regularien haben sich einerseits verschärft, andererseits gibt es nach wie vor zahlreiche Möglichkeiten, Geld zu erhalten, wenn man nur weiß, was man will und offen für neue Denkweisen ist. Letztlich völlig offen ist, was passiert, wenn Investoren mit Kryptogeldern investieren.

Q. Graf Adelmann v. A., *Formen der (alternativen) Unternehmensfinanzierung*, essentials, https://doi.org/10.1007/978-3-658-42088-8_8

Was Sie aus diesem *essential* mitnehmen können

- Funktion und Voraussetzungen für jede Art der Finanzierung
- Hebel zur Werterhöhung eines Finanzierungsobjektes verstehen
- Finanzierungsbeschaffung ohne Eigenkapital
- Exit-Erlös und Cashflow verstehen richtig einzusetzen
- Wann Fremdgeld teuer wird und wie Strukturlösungen dagegen wirken

© Der/die Herausgeber bzw. der/die Autor(en), exklusiv lizenziert an Springer   57
Fachmedien Wiesbaden GmbH, ein Teil von Springer Nature 2023
Q. Graf Adelmann v. A., *Formen der (alternativen) Unternehmensfinanzierung*,
essentials, https://doi.org/10.1007/978-3-658-42088-8

Printed in the United States
by Baker & Taylor Publisher Services